INCLUSÃO
socioeducacional

Wilson Candido Braga

INCLUSÃO
socioeducacional

Conhecimento é o primeiro passo

Guia sobre inclusão, legislação, acessibilidade, adequações curriculares, orientações e estratégias práticas

Paulinas

Dados Internacionais de Catalogação na Publicação (CIP)
Angélica Ilacqua CRB-8/7057

Braga, Wilson Candido
 Inclusão socioeducacional : conhecimento é o primeiro passo : guia sobre inclusão, legislação, acessibilidade, adequações curriculares, orientações e estratégias práticas / Wilson Candido Braga ; ilustrações de Wyara Candido Nunes. - São Paulo : Paulinas, 2024.
 168 p. (Coleção Psicologia, família e escola)

 ISBN 978-65-5808-296-5

 1. Ciências humanas 2. Psicologia 3. Pedagogia 4. Inclusão socioeducacional I. Título II. Nunes, Wyara Candido III. Série

24-0035 CDD 300

Índice para catálogo sistemático:
1. Ciências humanas : Inclusão socioeducacional

1ª edição – 2024

Direção-geral: *Ágda França*
Editora responsável: *Andréia Schweitzer*
Coordenação de revisão: *Marina Mendonça*
Copidesque: *Mônica Elaine G. S. da Costa*
Revisão: *Sandra Sinzato*
Gerente de produção: *Felício Calegaro Neto*
Produção de arte: *Elaine Alves*
Ilustrações: *Wyara Candido Nunes*

Nenhuma parte desta obra poderá ser reproduzida ou transmitida por qualquer forma e/ou quaisquer meios (eletrônico ou mecânico, incluindo fotocópia e gravação) ou arquivada em qualquer sistema ou banco de dados sem permissão escrita da Editora. Direitos reservados.

Cadastre-se e receba nossas informações
paulinas.com.br
Telemarketing e SAC: 0800-7010081

Paulinas
Rua Dona Inácia Uchoa, 62
04110-020 – São Paulo – SP (Brasil)
📞 (11) 2125-3500
✉ editora@paulinas.com.br
© Pia Sociedade Filhas de São Paulo – São Paulo, 2024

Dedico este livro a todos os profissionais
e mediadores de processos de estimulação,
que buscam todos os dias alternativas acessíveis
para qualificar a vida de quem necessita,
que se esforçam dentro de suas limitações
e dificuldades para garantir um mundo
mais igualitário, acessível e funcional
a todas as pessoas, e que fazem do nada
uma grande possibilidade.

Dentre eles, quero destacar especialmente
os professores, as professoras, os profissionais
do AEE – Atendimento Educacional Especializado
e das equipes de atendimento clínico e institucional,
bem como catequistas, coordenadores,
cuidadores e profissionais de apoio,
gestores e coordenadores escolares,
secretários de educação, e todos que,
de alguma forma, se envolvem nesse processo
e nessa luta em prol de um movimento
maior que é a *inclusão*.

A você, profissional incansável, que,
mesmo sem ter muita formação nessas áreas,
tem empreendido grandes esforços
para buscar conhecimento e, assim,
requalificar suas práticas.
Continue nesse movimento,
que faz a grande diferença!
Obrigado por sua parceria.

Agradecimento especial

A *Paulinas*, pela parceria que até aqui construímos. Esse grupo especial me abriu espaço para uma pauta tão importante, que é a discussão e o debate sobre as deficiências, os transtornos, a inclusão, a catequese, as famílias, enfim, sobre a diversidade humana e os caminhos que podemos trilhar para acolher com respeito e sensibilidade a todos e a todas indistintamente, meu muito obrigado!

A vocês, Irmãs Paulinas, Filhas de São Paulo, que sempre me recebem com o maior carinho e acolhimento em sua casa, espaço de paz e aconchego, onde me sinto muito à vontade.

A todos os meus alunos e alunas dos mais variados lugares do Brasil, por onde passo ministrando meus cursos e palestras (*on-line* ou presenciais), e a vocês, meus seguidores, que sempre me motivam a continuar este projeto de disseminar informações.

Sumário

Lista de siglas e abreviaturas.. 11

Introdução 13

CAPÍTULO 1. Inclusão socioeducacional e legislação 17

CAPÍTULO 2. Conhecer para incluir:
respeito às singularidades 29

CAPÍTULO 3. Inclusão socioeducacional e adequações
curriculares: entendendo para além de um conceito 41

CAPÍTULO 4. Acessibilidade: mais que um direito,
uma necessidade 47

CAPÍTULO 5. Catequese inclusiva: acolhimento,
formação humana e cristã e respeito às singularidades 65

CAPÍTULO 6. Dicas práticas e orientações gerais – Parte 1 77

CAPÍTULO 7. Dicas práticas e orientações gerais – Parte 2 129

Referências 161

Lista de siglas e abreviaturas

ABA	*Applied Behavior Analysis* [Análise Comportamental Aplicada]
ABNT	Associação Brasileira de Normas Técnicas
AEE	Atendimento Educacional Especializado
AH	Altas Habilidades
APA	*American Psychological Association* [Associação Americana de Psiquiatria]
CID	Classificação Estatística Internacional de Doenças e Problemas Relacionados à Saúde
DI	Deficiência Intelectual
ECA	Estatuto da Criança e do Adolescente
IA	Inteligência Artificial
LBI	Lei Brasileira de Inclusão da Pessoa com Deficiência
LER	Lesão por Esforços Repetitivos
NBR	Normas Técnicas Brasileiras
OMS	Organização Mundial da Saúde
PC	Paralisia Cerebral

PDI	Plano de Desenvolvimento Individual
PECS	*Picture Exchange Communication System* [Sistema de Comunicação pela Troca de Figura]
PEI	Plano Educacional Individualizado ou Plano de Ensino Individualizado
SD	Superdotação
SEM	Salas de recursos multifuncionais
TAG	Transtornos de Ansiedade Generalizada
TDAH	Transtorno do Déficit de Atenção com Hiperatividade
TEA	Transtorno do Espectro do Autismo
TEACCH	*Treatment and Education of Autistic and Communication Handicapped Children* [Tratamento e Educação de Crianças Autistas e com Desvantagens na Comunicação]
TGA	Transtorno Global do Desenvolvimento
TOC	Transtorno Obsessivo e Compulsivo
TOD	Transtorno Opositivo Desafiador
TPS	Transtorno do Processamento Sensorial

Introdução

Para que possamos compreender com maior clareza o processo histórico, social e cultural referente à pessoa com deficiência é importante conhecer os muitos caminhos já percorridos pelo ser humano em sua relação com essa parcela tão significativa da população.

A história de atenção às pessoas com deficiência passou por diversas fases ao longo dos tempos: por vezes, optou-se pela extinção ou extermínio delas; em outras, por sua institucionalização, o que significava segregá-las e consequentemente, excluí-las do convívio familiar e social; e por tentativas de normalização durante o processo de integrá-las. Apenas recentemente tem ocorrido a busca por incluí-las totalmente, a partir de propostas de oferta de serviços de suporte para a eficiência desse modelo paradigmático, ou seja, serviços de educação especial na perspectiva da educação inclusiva.

Todos esses momentos já vivenciados, e que alguns consideram superados, ainda se confundem pelas práticas equivocadas observadas nos mais diversos contextos, pois se trata de situações muito enraizadas e não tão simples de ser superadas. Tudo isso sempre acontecia sob diferentes argumentos, dependendo do momento histórico e político focalizado.

No decorrer de todo esse processo, graças ao avanço da neurociência, com mais pesquisas e estudos, a ampliação de oferta para acesso ao conhecimento e a garantia de direitos legitimados pelas políticas públicas foram diversificando a visão e a compreensão que as diferentes sociedades tinham e têm acerca da deficiência.

Assim, temos conseguido muitos avanços no sentido da inclusão socioeducacional desse grupo, que inclui crianças, adolescentes e adultos, presente hoje em todos os espaços. Isso tem levado profissionais, familiares, cuidadores e sociedade em geral a buscar familiarizar-se com tais quadros de dificuldades, deficiências, transtornos, síndromes, particularidades e singularidades de cada sujeito, para que os ajustes em cada oferta de serviço sejam realizados e todos possam ter acesso a ele, de modo contínuo e satisfatório.

É no contexto desse movimento de busca pela qualificação na oferta desses serviços que oferecemos esta publicação, com destaque especial para as principais políticas públicas que defendem os direitos da pessoa com deficiência, a apresentação de alguns conceitos importantes sobre adequações curriculares, acessibilidade, caracterização de quadros considerados alvos da educação especial, bem como dos serviços de Atendimento Educacional Especializado – AEE. Por fim, elencaremos algumas dicas que podem ser úteis para situações nos contextos escolares, nos encontros de catequese, nos espaços de convivência sociais e domiciliares. Trata-se de dicas e estratégias que podem ser funcionais para o trabalho realizado pelo professor e pelas equipes multiprofissionais, bem como por qualquer profissional que de alguma forma necessite lidar com essa clientela.

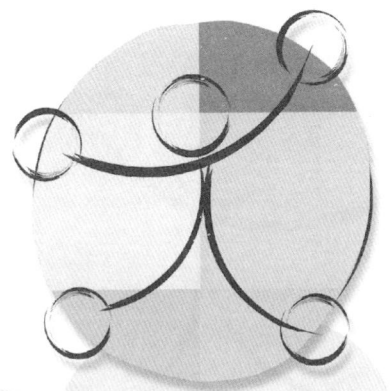

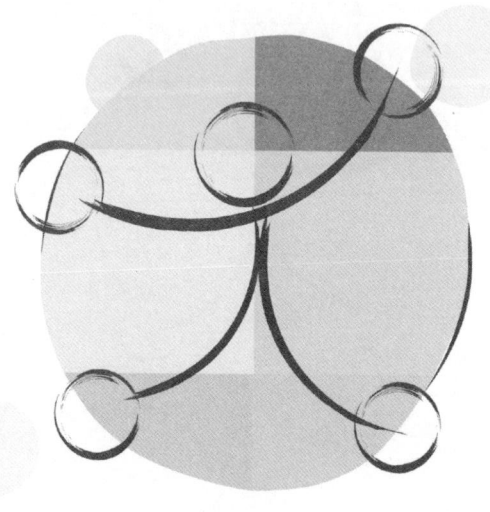

Capítulo 1

Inclusão socioeducacional e legislação

> "O conhecimento é o primeiro passo para a inclusão."
> (Wilson Candido Braga)

Inclusão é um direito constitucional que assiste todo e qualquer sujeito, independentemente de sua condição física, intelectual, sensorial, cultural, econômica, religiosa ou étnica. E, quando se fala em "educação inclusiva" ou "inclusão socioeducacional", faz-se referência a um movimento maior, que deve olhar, acolher e respeitar a todos que se apresentem em qualquer espaço, para qualquer serviço ou situação, em contextos escolares, sociais, religiosos, profissionais ou domiciliares. Nesse sentido, é preciso entender que todos necessitamos em algum momento de acessibilidade, seja de ordem estrutural ou física, seja comunicacional ou metodológica, seja ainda, e principalmente, de ordem atitudinal, que no contexto atual é a mais difícil de ser superada.

É preciso acolher com qualidade e respeito a cada um em suas capacidades e dificuldades, ou melhor, a cada um em sua forma particular de ser e agir. E isso se estende para todo e qualquer espaço de convivência. Não é uma questão meramente escolar, mas de qualquer espaço social. E estar em qualquer lugar é um direito que se estende a *todos*.

Depois do espaço de convivência domiciliar, no qual várias situações precisam ser trabalhadas para o processo de aceitação do sujeito, destaca-se o contexto escolar, religioso e social, que são os principais espaços em que muitas situações devem ser garantidas e estimuladas, a fim de que haja respeito ao outro e conquistas de ordem social e profissional possam ser vislumbradas. São espaços de formação humana e cristã para a vida e para o mundo. Logo, cabe a todos indistintamente.

É sobre esses espaços que pretendemos dialogar, apresentar esclarecimentos e dicas para melhor recepção e promoção de estimulação, pois ainda existem diversas barreiras a ser superadas ou minimizadas.

Vale sempre lembrar: os quadros diagnósticos aos quais faremos referência neste livro não são doenças, portanto, não há cura para eles. Já o preconceito, que é consequência da desinformação, pode ser curado. É preciso conhecer para entender, e, quando passamos a entender, nosso olhar, nossas atitudes mudam.

Para isso é importante compreender alguns termos e principalmente a legislação brasileira relacionada ao tema:

- Educação inclusiva no contexto institucional escolar implica uma concepção contemporânea de ensino que garanta o direito de todos à educação.

- Esse mesmo princípio se estende a qualquer trabalho realizado junto a crianças, adolescentes e adultos em espaços formais e não formais, a fim de que todos tenham a oportunidade de atingir ganhos em suas aprendizagens sistemáticas e assistemáticas, vislumbrando, assim, maiores possibilidades de autonomia e independência nas suas atividades, condutas ou habilidades adaptativas.
- Educação inclusiva pressupõe a igualdade de oportunidades para todos e a valorização das diferenças humanas, contemplando as diversidades étnicas, sociais, culturais, religiosas, intelectuais, físicas, sensoriais e de gênero.
- Educação inclusiva implica uma constante transformação da cultura, das práticas e das políticas vigentes na escola e nos sistemas de ensino, bem como em qualquer outro espaço de convivência, de modo a garantir acolhimento, respeito, acesso, permanência e participação plena a todo indivíduo, com suas singularidades. Implica, ainda, o investimento necessário para proporcionar acesso, permanência e condições de aprendizagem.
- Educação especial é a modalidade de ensino voltada para o atendimento e a educação de pessoas com deficiência física, visual, auditiva, intelectual e múltiplas, Transtorno do Espectro do Autismo (TEA) e altas habilidades/superdotação (Brasil, 1996). Desenvolvida com base na igualdade de oportunidades, visa oferecer serviços de suporte transversal, que favoreça o acesso à educação de qualidade para todos os cidadãos.

Nesse sentido, alguns princípios são fundamentais, pois precisamos entender que:
1. Toda pessoa tem direito de acesso à educação.
2. Toda pessoa aprende, e aprendizagem vai além de ler, escrever e calcular.
3. O processo de aprendizagem de cada pessoa é único, singular e particularizado.
4. O convívio nos ambientes comuns e principalmente na escola beneficia a todos, pois favorece a formação de sujeitos e gerações mais conscientes, mais humanizadas e menos capacitistas.
5. A educação inclusiva diz respeito a todos.

Portanto, inclusão é um direito de todos, mas, acima de tudo, é responsabilidade de cada um de nós.

Nesse movimento pela inclusão total, garantida pela Constituição Federal de 1988 como um direito de todos (Brasil, 1988), destaca-se o grupo de pessoas com deficiência que por séculos teve seus direitos negados, obrigado a viver de forma segregada, institucionalizada, afastada de tudo que lhe beneficiasse.

É esse grupo que hoje compõe o que chamamos de "público-alvo" da Educação Especial, dos serviços de AEE e também de suportes multidisciplinares (terapia ocupacional, psicologia, fonoaudiologia, psicomotricidade, psicopedagogia, neuropsicopedagogia, fisioterapia, musicoterapia, serviço social, serviços de atenção médica e nutricional e demais serviços).

Ao longo de décadas, esse movimento pela inclusão, em especial das pessoas com deficiência, tem buscado ferramentas legais para assegurar que a *exclusão* deixasse de acontecer.

Dessa forma, diversas legislações (decreto, nota técnica, parecer, resolução, leis) procuram assegurar-lhes a inclusão socioeducacional, para além de todos os muros, o direito de matrícula e a permanência no espaço escolar com possibilidade de sucesso, de professores e profissionais capacitados, em constante formação para melhor conduzir o manejo comportamental e as estratégias que favoreçam seu desenvolvimento global, bem como tratamento igualitário, respeitando suas particularidades, além do direito a um profissional de apoio (cuidador escolar), caso se comprove a necessidade, para auxiliá-los em atividades de autonomia para uma vida independente, na qual ainda não consiga sua máxima independência (Brasil, 2015).

Para que a inclusão escolar tenha de fato sucesso, é fundamental que a esfera governamental viabilize serviços de suporte que estimulem a partir de atividades complementares e suplementares, favorecendo, assim, a superação de dificuldades, possibilitando a ampliação de potencialidades e proporcionando uma vida mais funcional dentro e fora dos muros da escola.

Contudo, em nossa sociedade, ainda que tenhamos legislações que assegurem alguns desses direitos básicos, infelizmente, existem barreiras que muitas vezes impedem de ser cumpridas ou minimamente respeitadas. Todavia, é importante conhecer essas leis e o que cada uma defende, a fim de que possamos exigi-las:

- A Constituição Federal de 1988 assegura alguns direitos a todos os cidadãos brasileiros, indistintamente (Brasil, 1988), e traz como um dos seus objetivos fundamentais "promover o bem de todos, sem preconceitos de origem, raça, sexo, cor, idade e quaisquer outras formas de discriminação" (art. 3º, inciso IV). Define também, no artigo 205, como um desses direitos à educação, a fim de garantir o pleno desenvolvimento da pessoa, o exercício da cidadania e a qualificação para o trabalho. E ainda, em seu artigo 206, inciso I, estabelece a "igualdade de condições de acesso e permanência na escola" como um dos princípios do ensino, e garante como dever do Estado a oferta do AEE, preferencialmente na rede regular de ensino (art. 208).
- O Estatuto da Criança e do Adolescente – ECA, Lei n. 8.069/1990, no artigo 55, reforça os dispositivos legais supracitados, ao determinar que "os pais ou responsáveis têm a obrigação de matricular seus filhos ou pupilos na rede regular de ensino, quando em idade escolar" (Brasil, 1990).
- Também nessa mesma década, documentos como a Declaração Mundial de Educação para Todos (Unesco, 1990) e a Declaração de Salamanca (Unesco, 1994) passam a influenciar a formulação das políticas públicas da educação inclusiva.
- A Lei de Diretrizes e Bases da Educação Nacional – LDBEN, n. 9.394/1996, orienta todo o processo para

o funcionamento educacional, tanto no âmbito público quanto no privado. Apresenta a educação especial como modalidade de ensino que permeia todos os níveis educacionais, da educação infantil ao ensino superior (Brasil, 1996) e, em seu artigo 59, preconiza que "os sistemas de ensino devem assegurar aos alunos currículo, métodos, recursos e organização específicos para atender às suas necessidades". Vale frisar que a educação no Brasil é pública; portanto, todas as legislações se aplicam a qualquer escola, seja ela de regime público, seja privado.

- A Política Nacional de Educação Especial na Perspectiva da Educação Inclusiva – 2007/2008, é um documento norteador para o funcionamento das escolas no tocante aos serviços de educação especial, voltados para a garantia da inclusão de todos os alunos, destacando os alunos-alvo da educação especial (Brasil, 2008).

- O Decreto n. 7.611/2011 – Sala de Recursos Multifuncionais (SEM)/Atendimento Educacional Especializado (AEE) – dispõe sobre a educação especial, o atendimento educacional especializado e dá outras providências, como a definição e a natureza desse serviço como um processo de estimulação de ordem complementar para alunos com deficiência, e de ordem suplementar para alunos com altas habilidades/superdotação. Destaca ainda as reais competências e atribuições do profissional do AEE (Brasil, 2011).

- A Nota Técnica n. 09/2010 dá orientações para a organização de centros de Atendimento Educacional

Especializado, em parceria com serviços de saúde e educação, de vital importância para o processo de atendimento e inclusão da pessoa com deficiência na rede comum de ensino. Destaca ainda para esse serviço o mesmo público-alvo da educação especial e do AEE (Brasil, 2010).

- A Nota Técnica n. 19/2010 orienta quanto à obrigatoriedade, se comprovada a necessidade, dos serviços realizados por profissionais de apoio escolar, dentre eles o cuidador escolar, para alunos com deficiência, com Transtorno Global do Desenvolvimento (TGD) e TEA, matriculados nas escolas comuns da rede pública e privada de ensino (Brasil, 2010).

- A Lei n. 12.764/2012 institui a Política Nacional de Proteção dos Direitos da Pessoa com TEA, garantindo pontos fundamentais para a qualificação dos serviços voltados a ela, dentre eles: matrícula escolar, serviços de educação especial, formação para professores e profissionais do atendimento, obrigação da mídia de disseminar informações sobre TEA à sociedade em geral, e outras orientações (Brasil, 2012).

- A Nota Técnica n. 055/2013 orienta sobre a atuação dos Centros de AEE, na perspectiva da educação inclusiva, destaca a garantia de matrícula desses alunos nos serviços de atendimento, desde que assegurada sua matrícula e frequência escolar, o que justifica tal serviço de ordem complementar ou suplementar (Brasil, 2013).

- A Nota Técnica n. 24/2013 orienta sobre os sistemas de ensino para a implementação da Lei n. 12.764/2012, com destaque para o profissional de apoio escolar – "Cuidador escolar" –, que é de responsabilidade da escola pública ou privada (Brasil, 2013).

- A Nota Técnica n. 04/2014 orienta quanto a documentos comprobatórios de alunos com deficiência, TGD, TEA e altas habilidades/superdotação no Censo Escolar –, defendendo a premissa de que a inclusão escolar e o AEE não estão atrelados a um laudo médico, mas sim a um processo de avaliação pedagógica, que é de fato o principal documento escolar (Brasil, 2014).
- A Nota Técnica n. 42/2015 orienta os sistemas de ensino quanto à destinação de materiais e equipamentos disponibilizados por meio do Programa de Implantação de Salas de Recursos Multifuncionais que o AEE realiza (Brasil, 2015).
- A Nota Técnica conjunta n. 02/2015 orienta para a organização e a oferta do AEE na educação infantil, defendendo a necessidade de identificação, encaminhamento e intervenção precoce para toda e qualquer deficiência ou dificuldade. Garante também a estimulação precoce preventivamente (BRASIL, 2015).
- A Lei n. 13.146/2015 – Lei Brasileira de Inclusão da Pessoa com Deficiência (LBI) – substitui o Estatuto da Pessoa com Deficiência. Nesse documento, o conceito de deficiência é caracterizado como: "Art. 2º – Considera-se pessoa com deficiência aquela que tem impedimento de longo prazo de natureza física, mental, intelectual ou sensorial, o qual, em interação com uma ou mais barreiras, pode obstruir sua participação plena e efetiva na sociedade em igualdade de condições com as demais pessoas". Apresenta

de forma clara diversos direitos voltados às pessoas com deficiência e dá outras orientações (Brasil, 2015).
- A Lei n. 14.254/2021 determina o acompanhamento escolar integral para alunos com Transtorno do Déficit de Atenção com Hiperatividade (TDAH) e outros transtornos específicos da aprendizagem (dislexia, disgrafia, disortografia e discalculia), e demais dificuldades de aprendizagem (Brasil, 2021).
- O Parecer CNE n. 50/2023 traz orientações específicas para o público da educação especial e atendimento de estudantes com TEA (Brasil, 2023).

Essas são algumas das principais legislações que asseguram que a pessoa com deficiência tenha garantido e respeitado seu direito de fazer parte de todos os processos escolares (formais e não formais), desde que respeitem suas singularidades e lhes garantam ferramentas acessíveis. Esses direitos estendem-se a todos os espaços e serviços comuns a qualquer sujeito.

Nesse sentido, as secretarias estaduais e municipais de educação, bem como a rede privada de ensino, devem assegurar que o Decreto n. 7.611/2011 seja cumprido, oferecendo na rede pública e privada de ensino serviços de AEE, tanto em Salas de Recursos Multifuncionais (suporte pedagógico complementar e suplementar) como em Centros de Atendimento Educacional Especializado (suporte multidisciplinar), que auxiliem o público-alvo da educação especial: alunos com deficiência intelectual, auditiva, visual, física, deficiências múltiplas, TEA, e aqueles com altas habilidades/superdotação.

Esses serviços visam ao atendimento no contraturno da escolarização, a partir de estratégias de estimulação cognitiva, e não podem ser substitutivos do processo de escolarização, nem confundidos com outros serviços como reforço escolar, ensino de tarefas, processo de alfabetização e letramento, dentre outros.

É cada vez mais pertinente por parte de toda a sociedade, e em especial por parte de quem lida diretamente com esse público, a ampliação de informações que gerem conhecimento sobre todos esses quadros diagnósticos e suas implicações de ordem geral, pois só de posse desse conhecimento particular sobre cada condição diagnóstica é que podemos traçar caminhos acessíveis e estratégias funcionais que melhor atendam caso a caso.

Capítulo 2

Conhecer para incluir: respeito às singularidades

> "Lembre-se dos três Rs: Respeito por si próprio, Respeito ao próximo e Responsabilidade pelas ações."
> (Dalai Lama)

Considerando que as pessoas aprendem de forma diferente e que alguns quadros diagnósticos podem fazer com que a criança aprenda de maneira muito peculiar, torna-se lógica a ideia de que recursos lúdicos, materiais didáticos e pedagógicos, bem como procedimentos de ensino, sejam também diferenciados.

Isso se aplica a todo profissional que tenha em sua prática de atuação a recepção de crianças, adolescentes e adultos com alguma dificuldade, deficiência ou transtorno, ou ainda qualquer que seja a condição de apresentação desse grupo, pois práticas de inclusão destinam-se a qualquer sujeito, independentemente de sua dificuldade, comprovada ou não.

Todo aluno tem o direito de vivenciar os conteúdos comuns no âmbito escolar. Alguns necessitam de adequações curriculares pontuais, ou seja, adequações de pequeno porte, que dependem da atitude e da iniciativa do professor, do catequista, do mediador, do coordenador, do gestor.

Adequação curricular consiste na garantia de ensino de acordo com as necessidades individuais da pessoa com deficiência ou qualquer dificuldade, para assim exercer o desempenho de suas atividades acadêmicas em igualdade de condições e oportunidades com as demais pessoas. Essas adequações curriculares ocorrem por meio da oferta, de apoio necessário, que garantam condições de acesso, permanência, participação e aprendizagem (Brasil, 2015).

Quando falamos em adequações, estamos nos referindo às adaptações necessárias para contemplar a forma como cada aprendente pode responder melhor, didaticamente, ao que lhe é apresentado ou proposto durante uma aula, uma atividade, uma avaliação, ou qualquer que seja a proposta em espaços formais ou não formais de aprendizagem.

Vale lembrar que os componentes curriculares e seus conteúdos (independentemente de onde isso aconteça) precisam ser mantidos por força de lei, entendendo assim que as estratégias pedagógicas estarão na forma de apresentação das aulas, na elaboração e aplicação de atividades ou avaliações, na visualização dos conceitos que serão ensinados/mediados/facilitados e na proposta do ensino voltada à diversidade humana.

É importante compreender que cada sujeito tem um caminho particular em sua construção de saberes e que cada aprendente tem um estilo diferente em sua capacidade de abstrair, criar ou transformar saberes; logo, o estilo de aprendizagem dos alunos em sala de aula, seu perfil representacional e a predominância desses estilos, sejam esses alunos com ou sem deficiência, devem ser respeitados e validados. Cabe ao profissional, portanto, buscar entender quais são e como funcionam esses estilos de aprendizagens.

Para isso, é essencial a ampliação de serviços promotores para a formação de professores e demais profissionais de serviços diversos. Dessa forma, todos os aprendentes serão contemplados nas atividades sugeridas e com a garantia da oferta de serviços realmente qualificados e mais bem direcionados caso a caso.

Sendo assim, é interessante também os profissionais envolvidos sempre se fazerem as perguntas a seguir, a fim de repensar suas ações:

- Quantos aprendentes no meu espaço de trabalho ainda não desenvolveram essa ou aquela habilidade necessária a determinado processo objetivado?
- O que temos feito para garantir o sucesso dos nossos aprendentes?
- Como posso contribuir dentro das minhas práticas de atuação?

No entanto, o que se tem percebido ainda no movimento da educação inclusiva, especialmente quando falamos de alunos com dificuldades de ordem acadêmica ou com quadro de alteração comportamental, que os currículos apresentados funcionam mais como mecanismo de exclusão do que como ferramenta de inclusão escolar.

Não podemos esquecer que é a escola ou qualquer outro espaço de aprendizagem, formal ou não, que necessita se adequar ao aprendente, e não o contrário.

E como o currículo escolar pode favorecer a inclusão dos alunos-alvo da educação especial?

Levando em conta que as adequações curriculares, especialmente as de pequeno porte, que dependam apenas da ação e da atitude do professor/mediador, fazem parte desse grupo de ações asseguradas como direitos para qualquer aluno, com ou sem deficiência, é essencial que esse profissional, em sala de aula, observe e identifique o que tem de ser ajustado para cada um de seus alunos.

Nesse sentido, as adequações curriculares se justificam em três aspectos (Brasil, 2000):

- Primeiro, para a *flexibilização dos conteúdos de ensino*, selecionando os conteúdos adequados às necessidades particulares dos alunos, adiantando alguns conteúdos e até eliminando outros.

- Segundo, para as *atividades pedagógicas*: antes de se pensar no quê, quando e como ensinar e avaliar, deve-se pensar a quem, o que e para que vou ensinar ou mediar processos, e como tornar esse momento significativo para cada aprendente (aprendizagem significativa).

- Terceiro, para os *resultados da aprendizagem*, evitando que alunos com algum tipo de dificuldade no processo de aquisição do conhecimento bloqueiem a construção de suas aprendizagens; logo, é necessário que todas as conquistas apresentadas sejam qualificadas, por menor que pareçam (Brasil, 2000).

Existem ainda três níveis de adequações curriculares que merecem destaque e atenção especial:

- O primeiro é o acesso ao currículo, que pode variar desde a seleção de recursos técnicos e materiais até a eliminação de barreiras arquitetônicas, com a finalidade de que todos os alunos atinjam os mesmos objetivos educacionais (respeitando cada um em sua singularidade).
- O segundo são as adequações curriculares não significativas ou de pequeno porte, referentes às adaptações feitas pelo professor no cotidiano da sala de aula (espaço onde esse profissional tem plena autoridade para ajustar o que for necessário aos seus aprendentes e, assim, qualificar seu desenvolvimento), ou seja, nas estratégias diversificadas de metodologias e de avaliação, nas atitudes e ações promovidas.
- O terceiro são as adequações curriculares significativas, referentes à eliminação de conteúdos considerados não essenciais aos alunos, bem como a criação de objetivos gerais considerados básicos nas diferentes áreas curriculares.

Nesse contexto, as adequações curriculares devem entender e incorporar a inserção de ferramentas alternativas ou formas diversas de estimulação pelo uso de recursos ou projetos viáveis à condição particular de funcionamento de cada aluno. Isso demanda, por assim dizer, um arsenal de novas possibilidades funcionais para uns e menos funcionais para outros, ou qualquer outra ferramenta de assistência, tanto na estruturação do processo de aprendizagem quanto para o favorecimento de situações em diversos contextos que garantam a autonomia para uma vida autônoma do aluno (foco nas condutas ou habilidades adaptativas – alimentação, higienização, comunicação, recreação, saúde, uso dos serviços em geral).

É importante que profissionais da área da saúde, da educação, da catequese, do serviço de atenção comunitária ou de qualquer outro espaço de atendimento ou serviços, seja o professor da sala de aula comum, seja o da Sala de Recursos Multifuncionais (SRM), seja ainda os profissionais da equipe multidisciplinar dos centros de AEE e espaços clínicos, compreendam que o diagnóstico de cada aprendente deve ser utilizado como uma informação a mais sobre esse indivíduo, e não como um requisito ao seu processo inclusivo. Compete aos pais ou responsáveis pelo aluno a decisão de compartilhar o diagnóstico com a equipe escolar.

É sempre importante destacar que o compartilhamento do diagnóstico é fundamental para fins diversos, como um melhor conhecimento da realidade de cada aprendente por parte dos profissionais, para que pensem ou direcionem estratégias que os auxiliem funcionalmente; porém não pode ser uma imposição feita por nenhum serviço, a fim de garantir o acesso do indivíduo ou qualquer situação similar.

Além disso, cabe aos pais ou responsáveis consentir ou não na disponibilização desse diagnóstico em documento, bem como indicar quais membros da comunidade escolar podem ter acesso a ele.

A confidencialidade desse assunto é uma questão ética de direito dos pais e do indivíduo; portanto, precisa ser respeitada, evitando-se dessa forma situações de exposição ou interpretações equivocadas.

É importante que a escola incentive os pais ou responsáveis a agir com clareza diante das informações pertinentes ao quadro de diagnóstico e às dificuldades apresentadas por seus filhos, e que assim consintam no compartilhamento desse diagnóstico com todos os profissionais que trabalhem diretamente com o aluno na comunidade escolar ou em outros espaços sociais.

É assegurado por lei o direito ao esclarecimento sobre qualquer deficiência para que a sociedade possa apoderar-se dessas informações e, assim, minimizar situações de discriminação e preconceito. Desse modo, cabe à escola proporcionar atividades de conscientização sobre inclusão e respeito à diversidade, entendendo que isso é competência da instituição escolar, promovendo ações como aulas, debates, vídeos, entre outros serviços de disseminação de informação.

Informações fornecidas ou compartilhadas pela família devem funcionar como uma ferramenta a mais para o professor, ou como um elemento de flexibilização em suas ações pedagógicas, para elaboração de planos ou estratégias funcionais às adequações curriculares de pequeno porte (que são pequenos ajustes ou modificações mínimas nas atividades, avaliações ou rotinas do aluno, dentro da proposta curricular, e que competem única e exclusivamente ao professor de sala de aula).

O intuito é favorecer a permanência desse aluno no espaço escolar, com maior possibilidade de sucesso, pois é esse o principal objetivo do movimento pela inclusão.

É primordial que, antes do início do ano letivo, o profissional do atendimento ou do AEE ou de atendimentos em geral e o coordenador pedagógico auxiliem o professor de sala de aula com orientações sobre situações diversas e indicações de leituras. Com isso, e de posse de mais dados relativos à situação do aluno, o professor pode definir quais objetivos educacionais precisam ser alcançados, o tempo necessário para cada um deles e quais suportes necessita a fim de que cada meta estabelecida em seu plano seja conquistada.

Além disso, deve-se elaborar critérios práticos para o processo de aplicação ou observação das atividades e da avaliação do aluno, as quais, por sua vez, têm de ser adaptadas às condições particulares de cada aprendente. Contudo, para isso acontecer de forma exitosa, também é importante que os professores estejam abertos a essa nova demanda de alunos, que tem crescido a cada ano e que continuará a crescer.

É fundamental garantir a todos os alunos o acesso ao currículo escolar por meio de adaptações de materiais pensados para cada situação. Não se trata de um novo currículo, mas do mesmo currículo organizado de forma adequada às situações como elas se apresentam.

Para isso, serão necessários jogos pedagógicos elaborados, estruturados e pensados de forma particular, para atender a cada especificidade, complementando ou suplementando o desenvolvimento global.

Cabe ao profissional que atua junto a esse aluno em sala de aula, nos serviços de atendimento clínico ou institucional, nos grupos de convivência social e comunitário ou nos serviços sociais diversos, realizar a autoavaliação dele, enquanto proposta interventiva ou atitudinal. Assim, novas estratégias poderão fluir com mais eficácia, ou seja, isso representa ação–reflexão–ação. Nosso plano de trabalho precisa sempre ser reavaliado e refletido.

É legítimo o direito dos alunos da educação especial à oferta de serviços educacionais no contraturno da escolarização (Decreto n. 7.611/2011), que são os serviços de AEE ofertados de forma gratuita pelas redes de educação pública municipal e estadual, e também pela rede privada, a partir de atividades suplementares ou complementares (processos entendidos aqui como estimulação cognitiva, que são promotores de compensação ou neuroplasticidade cerebral).

Esses serviços de suporte, considerados serviços de educação especial, não podem funcionar como substitutivos ao processo de escolarização; a complementação didático-metodológica, pela utilização de programas específicos e realizados em situação escolar, tem de estar pautada em princípios validados na literatura científica, tendo como objetivo evitar qualquer ação realizada pelo senso comum e desprovida de validação científica.

Compete a cada profissional, dentro da sua área e especificidade de atuação, a tarefa de promover suporte e orientação às famílias de pessoas com deficiência, desde o momento da notícia do diagnóstico até etapas diversas propostas ao longo do processo de atendimento, com devolutivas periódicas acerca dessas intervenções.

A família precisa e deve ser convidada a fazer parte do processo de forma ativa, pois é muito dinâmico.

Portanto, esse trabalho tem de ser entendido pelas famílias como uma extensão aos atendimentos realizados junto aos seus filhos com deficiência ou em qualquer situação similar, visto que as propostas de intervenções ou tratamentos estabelecidos para cada sessão ou atividade realizada só poderão repercutir de forma positiva se a família se propuser a dar-lhes continuidade nos espaços domiciliares e em outros espaços em que estiverem inseridos, uma vez que, sem essa continuidade, as intervenções em si não bastam.

Cabe conscientizar o grupo familiar sobre o que é proposto como intervenção de estimulação para a criança com deficiência, pois é fundamental que não se confunda estimulação com superestimulação, entendendo que nosso cérebro necessita da estimulação a que estamos submetidos diariamente, ou ainda de situações que promovam estimulações pontuais e planejadas de acordo com cada situação apresentada. Mas, ao mesmo tempo, a criança também necessita de espaço entre uma intervenção e outra para que os resultados aconteçam de acordo com o planejado, do contrário, o excesso de atividades e intervenções aplicadas de forma ininterrupta, em vez de auxiliar, poderá sobrecarregá-la, aumentando seu nível de estresse e levando-a a perder o interesse em participar nesses momentos tão necessários ao seu desenvolvimento.

Tais intervenções devem fazer sentido à criança, para que ela tome iniciativa e mostre-se motivada para recebê-las e vivenciá-las, e, assim, ativar a função do sistema límbico ou motivacional, que, em perfeita harmonia, somado às funções da amígdala, ampliará a capacidade de plasticidade cerebral, melhorando muitas situações até então prejudicadas por falhas de funcionamento cerebral (Braga, 2018).

É relevante, portanto, encontrar formas de valorizar o que cada ser humano carrega consigo como bagagem de vida e conhecimento prévio, pois todo ser é único em sua essência e em sua história de vida.

Ao realizarmos tal proposta de valorização desses saberes para a vida, estamos dando um salto qualitativo, e é nisso que a Teoria Construcionista se embasa: na busca da valorização das construções das estruturas cognitivas superiores, por meio da construção do próprio mundo, da própria experiência; e isso não se ensina, oportuniza-se.

Nesse sentido, faz-se necessária a transformação de tal movimento em sala de aula, para que assim possamos sair da ação meramente tradicional rumo à promoção de um ambiente inovador, atraente para todos os alunos, apesar dos medos e das barreiras que, com certeza, ainda iremos nos confrontar, pois toda e qualquer mudança gera insegurança.

"O conhecimento ainda é o primeiro passo para a inclusão."

WyaraCN

Capítulo 3

Inclusão socioeducacional e adequações curriculares: entendendo para além de um conceito

> "A verdadeira educação é aquela
> que vai ao encontro da criança
> para realizar a sua libertação."
> (Maria Montessori)

Pensar em inclusão é pensar grande, entendendo que essa atitude se aplica a todo e qualquer sujeito, dentro ou fora da escola, pois se trata de um movimento, e não apenas de ações descontextualizadas.

Inclusão é sentimento de pertencimento, é sentir-se parte do processo, é fazer junto e fazer igual, mas sempre respeitando a singularidade de cada um, a forma de se fazer e a funcionalidade disso para cada sujeito.

Os programas voltados à inclusão escolar devem considerar diversas questões acerca dos seus aprendentes e suas dificuldades, com ou sem definição diagnóstica. Quando se observa pedagogicamente esses alunos em suas dinâmicas escolares, é importante registrar a intensidade, a gravidade das limitações impostas pelo diagnóstico ou por qualquer situação vivida por eles, bem como as condições neuropsiquiátricas até então negligenciadas pelo sistema educacional vigente.

Quadros diversos de transtornos comportamentais ou comportamentos disruptivos, crises convulsivas com múltiplas formas de apresentação, necessidade e dependência de cuidados intensivos ou dependência parcial para atividades da vida diária podem dificultar a inclusão funcional. Mas, para isso, já se tem a presença do cuidador escolar como profissional de apoio, a fim de que essas situações sejam minimizadas e a permanência do aprendente no espaço escolar seja qualificada. Tal serviço é assegurado pela LBI 13.146/2015 (Brasil, 2015).

Para casos graves e que dificultem a ida e a permanência desse aprendente no espaço escolar, deve ser considerada a educação no domicílio, inclusive com AEE domiciliar, bem como abordagem multiprofissional em clínicas. Para isso é importante parcerias intersetoriais, o que facilitará a busca das famílias por esses serviços.

A inclusão é um movimento maior que não pode se limitar apenas aos esforços da escola. Deve abranger também a construção de redes de colaboração e parceria amistosa com a família e a sociedade em geral, o que por sua vez tende ao fortalecimento e ao combate a qualquer forma de intolerância, capacitismo ou barreiras atitudinais, bem como a compreensão de que a diversidade faz parte de todos os espaços e situações, e já pode ser percebida desde o desenvolvimento infantil.

Nosso modelo educacional ainda é pautado no máximo de alunos por salas, o que torna o trabalho do professor e o rendimento da turma sempre comprometidos, especialmente quando pensamos em atender a cada singularidade dos nossos aprendentes; e vale destacar que todos são singulares e cada um que compõe a diversidade humana é, sim, sujeito de inclusão.

Logo, um menor número de alunos por sala de aula facilita a acomodação e a inclusão de alunos que necessitem de observações e estratégias pontuais, bem como melhora o rendimento da própria turma como um todo e o trabalho a ser conduzido pelo professor.

É emergencial que o professor em sala de aula, bem como o mediador em qualquer outro trabalho educacional, formal ou não, mude sua forma de ver e agir com esses grupos, visto que já entendemos que uma avaliação pedagógica inicial (sondagem) pode ajudar a estabelecer melhor o Plano de Desenvolvimento Individual (PDI/PEI) de cada aluno.

A Lei n. 9.394/96, em seu artigo 59, inciso I, prevê que os estudantes devem ter assegurados, pelos sistemas de ensino, os "currículos, métodos, técnicas, recursos educativos e organização específicos, para atender às suas necessidades" (Brasil, 1996).

O Plano de Ensino Individualizado (PEI) está previsto no artigo 28 da Lei n. 13.146, de 6 de julho de 2015 (Brasil,

2015), fazendo parte das práticas obrigatórias inclusivas para a melhor condução pedagógica ante as dificuldades de cada aprendente. Esse protocolo ou documento deve contemplar as características do indivíduo, criando um espaço inclusivo mediante ferramentas adaptadas e de ensino colaborativo.

Entenda-se, portanto, que o PDI ou o PEI é um instrumento pedagógico de planejamento e acompanhamento do processo de ensino, aprendizagem e desenvolvimento de estudantes com dificuldades, deficiências, TEA e altas habilidades/superdotação, e sua referência é a trajetória individual de cada um no processo de escolarização.

O modelo mais comum para esse documento escolar, adotado por escolas e redes de ensino público e privado no Brasil e em outros países, baseia-se em seis áreas de habilidades importantes:

1. acadêmicas;
2. voltadas às atividades da vida diária – de autonomia e autocuidado;
3. motoras/atividade ou física/desenvolvimento psicomotor;
4. sociais;
5. de recreação/lazer; e
6. pré-profissionais/profissionais – vida prática e funcional.

Quando esse instrumento é trabalhado e aplicado em uma perspectiva inclusiva, pode se tornar uma importante e poderosa ferramenta de suporte e apoio ao trabalho realizado em sala de aula, principalmente para o direcionamento em situações focadas na avaliação de estudantes da educação especial.

Dessa forma, a escola deve ter acesso à equipe que atende o aluno dentro ou fora desse espaço (psicólogo, psicopedagogo, neuropsicopedagogo, fonoaudiólogo, fisioterapeuta, psicomotricista, terapeuta ocupacional, médico etc.), e esses profissionais, por sua vez, devem dar e receber suporte da escola quando necessário, estabelecendo cooperação fundamental para a efetiva inclusão, visto que o objetivo maior é a funcionalidade dos aprendentes para o mundo e para a vida.

O desenvolvimento funcional de muitos aprendentes acontece melhor quando propiciamos a criação de um ambiente estruturado e organizado. Dessa forma, o professor deve utilizar estratégias didáticas que incorporem objetivos claros de ensino e aprendizagem e que envolvam os alunos e os motive a trabalhar com o propósito de atingir metas.

Um aluno que queira e seja orientado a ser um colaborador pode ser de grande valia na inclusão de alunos com dificuldades. Sua atuação deve ser orientada e supervisionada pelo professor, tendo em vista as necessidades do aluno assistido, suas habilidades, dificuldades e grau de autonomia para atividades adaptativas.

Entre as ações desse aluno colaborador, destacam-se o auxílio na motivação escolar, interação e inclusão no grupo social, aprimoramento das funções executivas (objetivar, planejar e executar, organizar, iniciar, focar, perseverar, automonitorar, flexibilizar, inibir, regular e operacionalizar) e metacognitivas (estratégias de aprendizagem, visualizar, ouvir, anotar, ler, compreender, redigir e pesquisar).

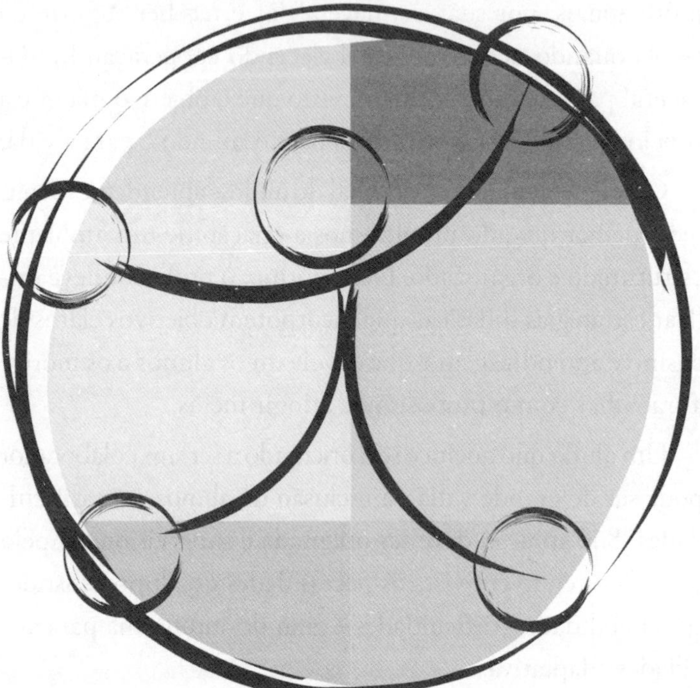

Capítulo 4

Acessibilidade: mais que um direito, uma necessidade

> "A inclusão acontece quando se aprende com as diferenças e não com as igualdades."
> (Paulo Freire)

O grande discurso da atualidade, especialmente quando falamos dos cenários educacionais, é a preocupação com a consolidação de uma escola de formação integral, acolhedora, que receba a todos indistintamente, onde se ofereçam ferramentas diversas para que todos tenham as mesmas oportunidades e possam participar de tudo com todos. Uma escola que forme e prepare para a vida.

Acreditamos que dentro dessa linda proposta haja espaço para todos, sem exceção. Para isso é fundamental observar como cada sujeito funciona e como podemos contribuir para esse bom funcionamento.

Para que isso de fato se torne uma realidade, não podemos negar a existência das barreiras que ainda limitam esse processo, começando por aquelas que impedem o ingresso e a plena participação de muitas pessoas, em razão da condição de deficiência temporária ou permanente delas.

É preciso proporcionar a todos os mesmos serviços, e nesse sentido temos de observar e criar situações que ajustem cada ação, cada cenário à forma que melhor se adéque a todos. Daí a necessidade de tornarmos tudo isso mais próximo de quem necessita.

Acessibilidade, adequação, flexibilização, acolhimento e empatia: estas devem ser palavras que se tornem ações reais, garantindo vida funcional para quem delas precisa.

Acessibilidade ganha aqui uma ampla dimensão conceitual, pois vai além de uma condição estrutural ou física. Pode ser definida como possibilidade e condição de alcance para algo de que se necessite, percepção e entendimento para a utilização de serviços de ordem geral, favorecimento para participação em igualdade de oportunidades, com segurança e autonomia, tanto do meio físico geral como para o uso do transporte pessoal e coletivo, da informação e da comunicação, inclusive dos sistemas e tecnologias de informação, bem como de outros serviços e instalações (Brasil, 2015).

"Acessibilidade", segundo a definição do *Dicionário Houaiss da Língua Portuguesa*, "é a qualidade ou caráter do que é acessível, a facilidade na aproximação, no tratamento ou na aquisição". Para pessoas com alguma deficiência, em especial com deficiência física e mobilidade reduzida, a acessibilidade significa uma vida independente, participação plena, com segurança e autonomia, nos espaços públicos ou coletivos, em condições de igualdade com a população em geral. E para as demais, em diferentes contextos e momentos da vida, a acessibilidade pode proporcionar maior conforto, facilidade de uso, rapidez, satisfação, segurança e eficiência.

O direito à acessibilidade, regido por lei, vem promovendo, por meio de órgãos públicos ou privados, diversas mudanças nas condições de acesso a espaços e serviços. Dessa forma, pode permitir que pessoas com deficiência tenham maior aproximação dos serviços prestados à coletividade e que tenham liberdade de ir e vir funcionalmente.

O Decreto n. 5.296, de 2 de dezembro de 2004, regulamenta a Lei n. 10.048, de 8 de novembro de 2000, que garante prioridade no atendimento às pessoas com deficiência e idosos, com idade igual ou superior a 60 anos, às lactentes e às pessoas acompanhadas por crianças de colo. A Lei n. 10.098, de 19 de dezembro de 2000, estabelece normas gerais e critérios básicos para a promoção da acessibilidade das pessoas com deficiência ou com mobilidade reduzida.

Vale destacar que, quando se fala em acessibilidade, não se está apenas citando mudanças na estrutura física, ou na facilidade de atendimento, ou no ir e vir auxiliado pelo uso de tecnologias assistivas. Trata-se de recursos, serviços, ações e condutas que podem fazer grande diferença na vida de quem de fato necessita, inclusive de quem não tem nenhuma deficiência.

Vamos entender algumas situações ou tipos comuns de acessibilidade:

1. *Acessibilidade atitudinal*: este é o exemplo mais simples de ser colocado em prática, porque depende apenas de nós. Diz respeito às ações que tomamos como indivíduos conscientes do direito do outro, a fim de diminuir as barreiras entre as pessoas com e sem deficiência. É se colocar minimamente no lugar do outro, pensar e realizar ações que promovam um mundo mais justo e inclusivo para todos. Essa talvez seja a acessibilidade mais difícil de modificar.
2. *Acessibilidade arquitetônica*: elevadores, rampas ou mesmo barras/corrimões são exemplos de acessibilidade arquitetônica. Está relacionada aos recursos que permitem a locomoção de pessoas com deficiência física ou mobilidade reduzida, em qualquer espaço, com autonomia para ir e vir.
3. *Acessibilidade metodológica*: também conhecida como "pedagógica", envolve a diversificação de metodologias e adaptações materiais, técnicas e curriculares para viabilizar o total acesso das pessoas com deficiência à educação no contexto escolar. Mesmo que tenhamos muitas leis, decretos, notas técnicas, resoluções e pareceres, que de forma clara defendem e garantem o acesso pleno das pessoas com deficiência às instituições de ensino, os obstáculos ainda são grandes, e elas têm de lidar com falas capacitistas, atitudes ilusórias, negligência, procrastinação, bem como com a resistência de alguns profissionais em pôr os recursos disponíveis em prática.

Mudar a forma de oferecer conteúdo e programas de ensino é garantir ao aluno incluído no modelo de diversidade que ele possa ter as mesmas oportunidades que os demais, mas ajustadas à sua forma de pensar, responder, agir.

4. *Acessibilidade programática*: está ligada a sensibilização, conscientização e aplicação de normas, decretos, regulamentações, leis e políticas públicas que respeitem as necessidades de pessoas com deficiência. Nesse sentido, cabe a cada um de nós a constante observação dos direitos legalmente impostos, a fim de que o cumprimento deles não seja negligenciado.

5. *Acessibilidade instrumental*: objetiva o acesso a utensílios e ferramentas auxiliares em atividades escolares, práticas profissionais, de recreação e lazer, que tornem as coisas mais fáceis, para quem deles precise, e possíveis às pessoas com deficiência. *Softwares* de leitores de tela, rastreio do olhar, quadros de comunicação aumentativa, engrossadores de pincéis, canetas, lápis, são bons exemplos de acessibilidade instrumental, denominados hoje de "tecnologias assistivas".

6. *Acessibilidade nos transportes*: pessoas com deficiência ou com mobilidade reduzida têm saído cada vez mais de suas casas e de modo ainda mais independente, seja para ir ao trabalho, para estudar ou para usufruir de espaços de lazer e cultura. Por isso, a demanda por acessibilidade no transporte tem seguido uma curva crescente, e não diz respeito apenas aos assentos preferenciais, mas a todo o processo que a pessoa realiza em deslocamento. Catracas de ônibus, trem, metrô, que permitam a passagem de pessoas com

cadeiras de rodas, piso tátil e pista sinalizada para quem possui baixa visão e cegos, além das placas de sinalização, também estão nessa categoria de acessibilidade.

7. *Acessibilidade nas comunicações*: tornar as comunicações de fácil entendimento para o maior número de pessoas possível é o objetivo desse tipo de acessibilidade. Somos seres sociáveis, comunicacionais, seja por meio da fala, de sinais ou de expressões. Sem a comunicação não conseguimos nos relacionar enquanto indivíduos em sociedade, pois a troca de informações é o que favorece a interação entre as pessoas. Intérprete de Libras, assistentes virtuais, legendas em vídeos são exemplos de acessibilidade comunicacional.

8. *Acessibilidade digital*: por conta do avanço acelerado da tecnologia e da presença cada vez maior de pessoas nas redes sociais, que transformou a forma como nos relacionamos atualmente, a acessibilidade digital é um dos tipos mais discutidos e exigidos nos últimos anos. Ainda assim, pesquisas revelam que menos de 1% dos *sites* é acessível para pessoas com deficiência. A inclusão de textos alternativos em imagens, aplicação de alto contraste nas páginas *web* entre outras opções de tecnologias assistivas fazem parte da acessibilidade digital.

9. *Acessibilidade natural*: tem como missão eliminar barreiras que a própria natureza produz, como vegetação irregular, árvores como obstáculos no caminho, terra, areia, água, e disponibilizar recursos de acessibilidade, como, por exemplo, cadeiras de rodas "anfíbias" nas praias, para

que pessoas com deficiência física possam se locomover na areia e entrar no mar.

Agora, apresentamos algumas ferramentas bem comuns dentro das propostas de acessibilidade, e também certas situações em que acontecem:

- *Audiodescrição*: é quando audiodescritores – profissionais especializados na área – descrevem, por meio da fala, o que está acontecendo em determinado cenário. É um recurso muito utilizada por pessoas com deficiência visual, a fim de entenderem o contexto de um conteúdo exibido visualmente, seja na televisão, em postagens ou vídeos da internet, seja em eventos presenciais.

  Pessoas sem deficiências também podem fazer uso de autodescrições, quando, por exemplo, participam de uma *live*, de um evento *on-line* ou de uma cerimônia, e queiram torná-los mais acessíveis. A audiodescrição deve ser fluida e não trazer adjetivos pessoais e opiniões próprias, como: "Na cena existe uma mulher bonita sorrindo", pois cada um tem uma percepção de beleza.

- *Audiolivros*: é a gravação de conteúdos de livros de forma narrada, em voz alta, dentro de um estúdio ou em um ambiente que possua equipamentos para essa finalidade. Seu propósito é possibilitar a leitura e garantir o acesso à cultura de pessoas com deficiência visual, TDAH e dislexia, por exemplo. Além disso, são aliados no incentivo ao hábito de ler também para pessoas sem deficiência, pois é uma forma diferente de consumir histórias, já que cada um define o ritmo e o tempo mais funcionais para si.

- *Elevadores*: assim como aos demais usuários, eles garantem uma locomoção mais eficiente e o acesso mais funcional e pleno a diferentes pavimentos e espaços para pessoas com deficiência física, visual, com mobilidade reduzida, a idosos ou a qualquer um com alguma condição limitante, temporária ou permanente. Possibilita-lhes, assim, o direito de ir e vir, a autonomia e a melhoria de sua qualidade de vida, além de minimizar de forma significativa possíveis acidentes. De fácil instalação, não exigem a construção de poços ou casas de máquina, não gerando grandes demandas ao local em que for implementado.
- *Legendas ou closed caption* (CC): é um dos recursos de acessibilidade mais universais que existem, pois, ao traduzir em texto a fala de personagens de um conteúdo audiovisual, beneficiam tanto pessoas surdas ou com deficiência auditiva, quanto pessoas sem deficiência, como quando assistem a um filme ou programa em um idioma diferente do seu, ou em locais barulhentos ou públicos, como hospitais, ônibus, aviões, ou crianças que estão aprendendo a ler.
- *Leitores de tela e ampliadores de texto*: são ferramentas que capturam informações apresentadas em forma de texto e transformam em uma resposta de áudio por meio de sintetizadores de voz. Os leitores fazem uma varredura e buscam as informações que podem ser lidas pelo usuário, possibilitando a navegação por menus, janelas e textos. Como um recurso imprescindível a pessoas cegas e com diferentes deficiências visuais, hoje é possível

encontrá-los em variados modelos de *smartphones*, sendo assim também bastante utilizados por um número crescente de pessoas sem deficiência.

Os ampliadores de tela, por sua vez, são soluções que aumentam o tamanho de fontes e imagens na tela do computador para os usuários com baixa visão. Há diferentes opções gratuitas deles, para os mais variados sistemas operacionais e situações individualizadas.

- *Libras*: é a língua materna da maioria das pessoas surdas (Brasil, 2002), uma vez que, segundo a Federação Mundial dos Surdos, 80% delas, no mundo, ainda não são fluentes nas línguas escritas e dependem da língua de sinais para obter informação. Essa é a mesma situação do Brasil, que reconheceu esse idioma em 2002, por meio da Lei n. 10.436. Sendo assim, além de uma forma de comunicação, Libras é muitas vezes uma expressão cultural, a identidade dessas pessoas, por isso, a necessidade de respeitar a forma como querem se comunicar e tornar acessíveis os ambientes em que estão faz toda diferença. Nesse sentido, é cada vez mais comum a participação de intérpretes de Libras em escolas, eventos, comerciais, propagandas políticas e programas de TV.
- *Linha Braille*: sendo uma junção do computador e da máquina Braille, é capaz de converter instantaneamente, com pontos em alto-relevo, textos ou dados de telas de tablets, computadores e celulares para pessoas surdocegas, permitindo-lhe acesso a dispositivos móveis ou computadores, a fim de navegarem na internet e se comunicarem; porém,

pessoas com outras deficiências visuais também podem usufruir de um aparelho como esse.

- *Piso tátil*: também chamado de piso podotátil, superfície tátil ou pavimento tátil, são faixas com relevos aplicadas no chão para auxiliar a locomoção e a orientação de pessoas com deficiência visual e baixa visão, permitindo maior segurança por onde transitam.

Existem dois tipos de piso tátil: o de *alerta*, formado por pequenas esferas e aplicado em escadas, rampas, elevadores e calçadas, com a função de avisar sobre possíveis obstáculos durante o percurso; e o *direcional*, que, por meio de uma linha contínua, orienta o caminho correto e mais prático a seguir. Ambos podem ser percebidos por pessoas com deficiência visual com o auxílio de bengalas, que por sua vez lhes favorecem o processo de orientação e mobilidade, garantindo melhor percepção dos obstáculos e maior proteção no seu ir e vir.

- *Rampas de acesso*: são adaptações projetadas com certo nível de inclinação em locais públicos e privados, auxiliando na circulação de pessoas que utilizam cadeiras de rodas ou ainda que possuem mobilidade reduzida ou qualquer limitação física que as impossibilite de subir escadas, necessitando assim de ajustes estruturais. São comumente encontradas em calçadas e lugares com áreas de deslocamento de diferentes níveis, como estações de metrô, praças, entradas de lojas, restaurantes, escolas, edifícios.

Existem alguns parâmetros mínimos para sua instalação, como o grau de inclinação, os desníveis a serem vencidos e o número máximo de segmentos. Esses parâmetros podem ser encontrados na norma brasileira ABNT NBR 9050, que diz respeito à acessibilidade de edificações, mobiliários, espaços e equipamentos urbanos.

- *Vagas de estacionamento*: por meio da Lei n. 10.098/2000, as pessoas com deficiência obtiveram mais uma conquista, que foi o direito a vagas exclusivas em vias e estacionamentos. Essas vagas devem ser próximas dos acessos de circulação de pedestres e estar devidamente sinalizadas (Brasil, 2000).

Pela Lei Brasileira de Inclusão da Pessoa com Deficiência – LBI, instituída em julho de 2015 (Brasil, 2015), 2% das vagas de estacionamentos públicos e privados devem ser reservadas a pessoas com deficiência. É importante ressaltar que, quem se enquadra nesse perfil, precisa fazer uso de uma credencial em seus veículos que comprove esse direito.

Como vimos, existem diversos recursos e soluções criados para promover o acesso de pessoas com deficiência em mais espaços, físicos ou virtuais, e, inclusive, são garantidos por diferentes leis. Sendo assim, ainda que estejamos longe de vislumbrar o cenário ideal, seguimos avançando gradativamente e sempre alertas para cobrar quando não se cumpre, no mínimo, o básico dessas iniciativas.

Para construirmos um mundo melhor para todos, pessoas com deficiência ou não, precisamos estar atentos se esses direitos estão sendo assegurados, e cada um fazer a sua parte, que começa com o respeito e o entendimento de que acessibilidade é um direito de todos, mas, acima de tudo, é responsabilidade de cada um de nós.

Vale a pena discutir um pouco mais sobre certa resistência que ainda há por parte de grupos de profissionais, familiares e pessoas leigas em relação à acessibilidade metodológica e atitudinal em sala de aula, às vezes por desconhecimento ou por acharem que pessoas que se apresentam de forma distinta não cabem nesses espaços comuns.

Para isso, elencaremos alguns caminhos inclusivos que passam diretamente por adaptações necessárias e que demandam, por parte dos profissionais principalmente, mais iniciativa, a fim de que os devidos ajustes em suas condutas, ações e estratégias de ensino e aprendizagem possam acontecer. Convencionamos chamar tais ações de "adequações curriculares de pequeno porte ou não significativas" (Brasil, 2000).

As propostas de aula, atividades e avaliações destinadas aos alunos como um todo, mas especialmente para aqueles com maior evidência de dificuldades, deficiências ou condições similares, devem ser segmentadas e sequenciadas, com apresentação de informações precisas e que abranjam diferentes significados e estilos de aprendizagem, e com linguagem clara e direta.

O aluno, de modo geral, necessita e deve ser sempre orientado em suas tarefas, as quais têm de ser adequadas às suas necessidades e aptidões, respeitando-se o seu grau de dificuldade e potencializando-se suas capacidades, independentemente de ter ou não apresentado um laudo ou diagnóstico médico (Nota Técnica 04/2014), determinado por avaliação pedagógica. Isso facilita os caminhos para seu processo de ensino e aprendizagem (Brasil, 2014).

Dependendo da dificuldade imposta pela deficiência ou da forma como cada aprendente melhor se apresenta, é importante a fragmentação de atividades para alguns alunos; para isso, é fundamental conhecer como cada um pode obter melhores resultados e quais as implicações de alguns quadros diagnósticos e até mesmo de seus históricos familiares.

Portanto, simplificar e dividir instruções complexas pode auxiliar bastante, bem como aproximar tais instruções à realidade de cada aprendente, especialmente para alunos com prejuízos atencionais (dificuldades de atenção seletiva, atenção sustentada e atenção dividida), impulsividade (precipitação e antecipação de situações antes de compreender ou ponderar as possibilidades e consequências) e agitação psicomotora (inquietação, hiperatividade ou pressa em movimentar-se por uma condição de inquietude subjetiva) (Braga, 2023).

Vale destacar que essas dificuldades ou características estão muito presentes em quadros como TDAH, Transtorno Opositivo Desafiador (TOD), TEA, deficiência intelectual e transtornos específicos da aprendizagem. Dessa forma, fazer pequenos ajustes a partir de um olhar particular pode tornar as atividades mais concretas e atreladas ao modo de funcionamento de cada aprendente.

Deve-se evitar que o aluno desista ou abandone a atividade antes de concluí-la e, se for necessário, dar tempo extra para sua execução (adequação curricular quanto ao tempo). Isso pode acontecer com alunos com dificuldades em produzir mentalmente ou manter-se por tempo prolongado com esforço mental produtivo, alunos com baixa tolerância, com quadros impulsivos e com dificuldades em lidar com perdas, fracassos e frustrações.

Sendo assim, afastando-se do hábito de alguns alunos de realizar multitarefas, em que procuram fazem várias coisas ao mesmo tempo, é recomendado propor uma tarefa por vez, a qual deve ser funcional e significativa ao aprendente que tem dificuldade em dividir a atenção entre muitas atividades, tanto em casa como na sala de aula. Essa orientação deve ser compartilhada com pais e cuidadores para que essa prática seja continuada em outros espaços e ambientes.

O uso de recursos tecnológicos é uma realidade que não podemos mais negar ou da qual fugir (computador, tablet, calculadora, corretor ortográfico, Inteligência Artificial etc.), uma vez que pode ser de grande ajuda na realização das atividades em sala de aula e nas tarefas de casa, desde que sob a orientação do professor e com uso funcional por parte do aprendente, ou seja, deve ser realizado com cautela, com prazo de tempo e com acordos e regras claros.

Essa orientação vale também para pais e cuidadores, pois o entendimento e aceitação por parte do aprendente só irá acontecer quando todos apresentarem uma forma única ou similar de atuação e intervenção.

Atividades longas, que demandem mais tempo ou esforço mental sustentado, devem ser divididas em segmentos, podendo ser entregues em várias etapas e dentro do ritmo de execução de cada aprendente. Gradativamente, o nível de complexidade pode ir aumentando, conforme o evidente sucesso dele.

Em situações onde se tenha acesso à internet, o professor poderá auxiliar o aluno enviando de forma antecipada as anotações e resumos das aulas dadas, bem como também pode lembrá-lo das tarefas de casa e do material a ser utilizado.

Alunos com dificuldades de ordem geral devem ter a oportunidade de apresentar seus trabalhos ou atividades de formas alternativas, aplicando e generalizando seus novos conhecimentos e suas habilidades em uma variedade de situações e conquistas de sucesso.

Todas as conquistas do seu aprendente podem e devem ser valorizadas; portanto, é fundamental priorizar o progresso individual de cada aluno, tendo por base um PEI, que deve ser cuidadosamente elaborado para cada aluno que dele necessitar. Essa competência é do professor de sala de aula, que pode ter o auxílio de profissionais do atendimento, mas sem terceirizar suas atribuições.

A escola tradicional, bem como qualquer outro modelo de atividade formal ou informal, precisa ser remodelada, sair do modelo cartesiano, e assim equilibrar aspectos quantitativos e qualitativos do processo de ensino e aprendizagem dos seus aprendentes, mas priorizando os qualitativos sempre que for necessário, pois, para o aprendente com deficiência, os aprendizados devem fazer sentido, ter relação com a vida real (aprendizagem significativa) e, acima de tudo, ter significado e valor para esse aluno.

É recomendado que, em vez de poucas avaliações, em um único momento, em que é cobrado um grande volume de informações, seja realizado um maior número de avaliações, em momentos diversos, com menor volume de conteúdo e de informações. Isso facilita para todos os aprendentes, pois contempla os estilos de aprendizagem, tempo de execução e conclusão da avaliação, e dá ainda ao professor mediador a oportunidade de ir fazendo ajustes e modificações necessárias durante o processo.

O professor pode e deve ler as perguntas das avaliações para o aluno quando achar necessário; na verdade, é um direito deste. Para isso, basta identificar essa necessidade a fim de obter melhores resultados do aprendente. O mesmo vale para a avaliação oral ao invés de escrita, ou em casa ao invés de na escola, ou com avaliações mais frequentes e com menos conteúdo, quando achar pertinente.

Dessa forma, o aprendente não ficará preso a um único momento pontual e que na maioria das vezes funciona como um grande e perigoso gerador de ansiedade, de fracassos e frustrações, pois, para muitos, trata-se de um teste que os qualifica ou desqualifica.

O aluno com maiores dificuldades, com problema para armazenar informações ou de evocá-las nos momentos necessários, pode consultar livros e outros recursos durante a realização das avaliações. Isso pode ser acordado de forma antecipada, o que com certeza pode funcionar muito bem para todos os alunos.

O aluno jamais deve ser avaliado por sua caligrafia: isso não qualifica ou desqualifica saberes. O aprendente com deficiência muitas vezes se esforça muito mais que os demais para manter boa coordenação motora fina e no processo de grafomotricidade; porém, mesmo assim, pode não conseguir fazê-lo adequadamente, pois pode ter um transtorno específico de aprendizagem chamado "disgrafia", que iremos apresentar mais à frente.

Ao aluno com quaisquer transtornos de aprendizagem é permitido levar para casa o mesmo material didático utilizado na escola. Para isso, as anotações de tarefas a serem realizadas em casa devem ser checadas na escola pelo professor e em casa pelos pais ou responsáveis.

O professor deve manter os pais sempre bem informados sobre a organização do aluno com frequência (diária, semanal ou mensal). Essa parceria é fundamental para a continuidade de qualquer serviço de estimulação.

Em casa, os pais devem auxiliar o professor no desenvolvimento das habilidades de organização do aprendente, pois nenhum trabalho surtirá efeito se não for continuamente estimulado em múltiplos ambientes e de formas diferentes. O sucesso de qualquer aprendizagem depende do tempo de investimento e dos suportes continuados.

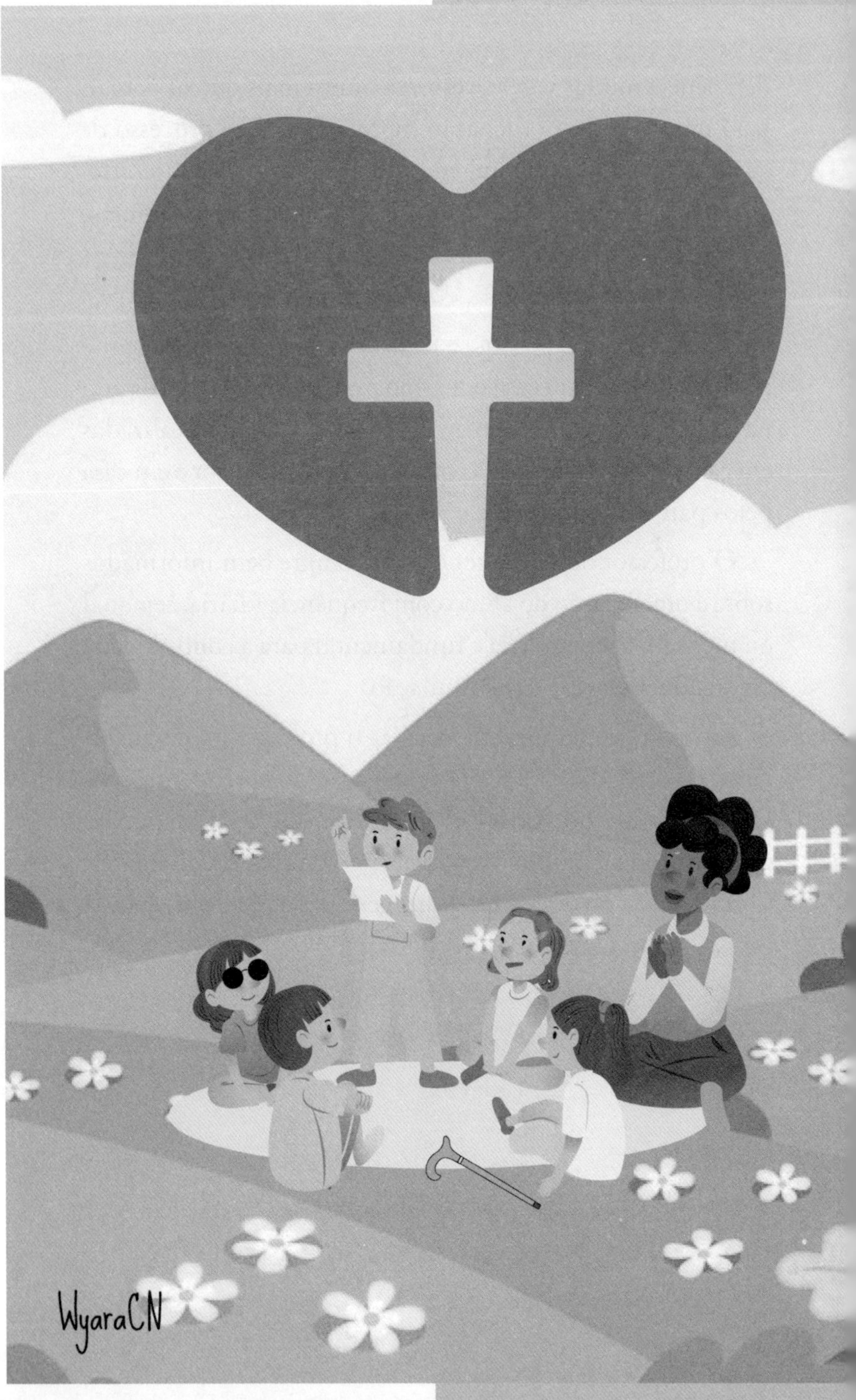
WyaraCN

Capítulo 5

Catequese inclusiva: acolhimento, formação humana e cristã e respeito às singularidades

> "Na Igreja há espaço para todos. E, quando não houver, por favor façamos com que haja, mesmo para quem erra, para quem cai, para quem sente dificuldade. Todos, todos, todos."
> (Papa Francisco)

A catequese inclusiva é hoje uma realidade cada vez mais presente e necessária em todos os movimentos e espaços religiosos. Deve ser considerada uma formação humana e cristã de grande significado para crianças, adolescentes e adultos, com ou sem alguma deficiência, além de um dos principais caminhos para a formação de uma geração mais humanizada, acolhedora, generosa para com o outro em sua condição diversa e menos capacitista, pois a convivência com o outro em sua diversidade e a oportunização de situações geradoras de saberes são tão benéficas para quem tem deficiência como para quem não se enquadra nessa configuração.

O mundo é diverso, nossa atuação profissional também se faz particular e diversa, bem como nossa mediação e os nossos saberes também são diversos, e cada um tem sua importância e contribuição para o bom desenvolvimento do outro. Portanto, que busquemos por situações alternativas, por atitudes mais acolhedoras e flexíveis, por adaptação de materiais, de recursos, pela busca por novos caminhos.

Que possamos olhar o outro por suas capacidades, e não apenas pelas dificuldades, pois são as diferenças que nos tornam singulares.

A catequese inclusiva é uma proposta da Igreja de incluir os catequizandos com deficiência ou qualquer outra particularidade nos grupos paroquiais. Deve ser realizada de forma que eles se sintam parte da comunidade como um todo e do grupo que se encontra em participação, e valorizados em sua forma individual de cooperar e, de fato, pertencentes ao grupo.

A inclusão de uma pessoa com deficiência coincide com a vocação do catequista, que sempre se coloca de prontidão para receber e promover situações que levem o outro ao seu máximo e possível desenvolvimento, independentemente de como será tal processo.

Nesse contexto, o catequista tem como principal objetivo tirar esse sujeito de onde ele está, levá-lo a uma experiência de fé que engloba o saber, a participação comunitária, a vivência e a confissão da fé. Esse é o maior papel de um agente de mediação, e os catequizandos precisam dessa aposta para que suas capacidades se revelem e se ampliem.

Inclusão é sentimento de pertencimento, é quando a pessoa se sente acolhida, respeitada em sua forma de ser e agir; sente-se importante para o outro e parte de tudo o que todos fazem, mesmo que o seu fazer seja particularizado e ajustado a sua melhor forma de ação.

Na recepção de qualquer criança, adolescente e adulto, são importantes atitudes de observação e olhar atento à forma como cada um pode estar melhor e ser valorizado na comunidade. Nesse sentido, é importante que o catequista se volte ao outro como igual, como alguém que tem capacidades e dificuldades, que pode e vai alcançar a formação necessária, se lhe forem garantidos o respeito e o entendimento de seu processo particular de aprendizagem.

O caminho percorrido por alguns pode ser diferente, mas os resultados serão iguais, ou terão um valor diferente, tanto para quem é conduzido como principalmente para quem conduz.

Algumas condutas na catequese podem ser funcionais nesse processo de educação especial, na perspectiva da educação inclusiva:

- Acolher a todos, indistintamente, pois no espaço de catequese acontecem múltiplas situações, saberes e convivem contextos familiares distintos.

- Acolher e tratar cada catequizando com dificuldades, transtornos, síndromes, deficiências, ou qualquer outra particularidade, sempre com respeito e sensibilidade, sem condutas capacitistas nem julgamentos.

- Pesquisar e estudar sempre, investigar e buscar conhecer melhor cada condição diagnóstica apresentada, ou mesmo aqueles quadros dos quais se tem apenas desconfiança ou hipóteses diagnósticas. O conhecimento é uma luz que muda todo o percurso e altera todas as práticas e condutas.
- Aproximar-se de cada catequizando para conhecê-lo melhor, bem como sua família e realidade. Conquistar a confiança e a participação das famílias para todas as propostas de trabalho, pois essa continuidade, mais que necessária, é fundamental, pois sem ela não avançamos. Sozinhos não iremos resolver nada, porque precisamos de parcerias e da continuidade do que estamos propondo.
- Compreender o contexto de cada família, suas condições estruturais, culturais, sociais, econômicas, e tudo mais que facilite a aproximação com o catequizando. Essa conversa pode ser chamada de "entrevista familiar" ou "anamnese", pois é parte protocolar do trabalho de quem atende e precisa compreender como cada sujeito em formação pode obter melhores resultados, entendendo sua história e trajetória até chegar à catequese. Até a forma como a família será orientada depende dessa entrevista, porque assim o catequista saberá o que pode ou não solicitar, com qual linguagem irá se dirigir a cada grupo familiar e como será a participação desse grupo.
- Buscar meios que favoreçam a interação com o grupo de catequizandos, com seus familiares e com outras famílias, a partir de práticas e ações de sensibilização para a inclusão.

- Favorecer situações para que a pessoa com deficiência, no tocante a sua interação e a vivências funcionais com a comunidade, seja incluída em tudo que for possível para que se sinta parte; essa é uma das metas iniciais, a fim de que todo o processo de catequese e inclusão aconteça satisfatoriamente, não só para a pessoa com deficiência, mas também para todos.

- Lidar com novas situações e com quadros de dificuldades e comportamentos diversos pode ser assustador, desafiador, e até gerar sentimentos de impotência e desânimo em alguns momentos; porém, não se pode desanimar nem ter receio. É preciso aceitar o desafio e permanecer firme nos objetivos, mantendo atitudes naturais e evitando preconceitos.

- Incluir não é fazer diferente, mas sim respeitar as diferenças e particularidades de cada um, ajustando atitudes e estratégias, oferecendo atenção e escuta necessárias.

- Evitar o excesso de permissividade para com os catequizandos com alguma deficiência, mas cuidar deles e protegê-los assim como faria com todos os demais, evitando atitudes de superproteção. Evitar também tratamento infantilizante e, se necessário, ajustar comportamentos mais funcionais (palavras, comandos, orientações gerais, atividades etc.).

- O maior objetivo dos serviços de estimulação e das estratégias de promoção do indivíduo no processo de aprendizagem é levá-lo a sua máxima independência e autonomia. Portanto, o ideal é deixar que o catequizando faça sozinho tudo o que puder e observar somente para ajudá--lo quando realmente for necessário.

- Sensibilizar o grupo sobre as dificuldades da pessoa com deficiência na ausência dela, de forma a ter muitos aliados que possam ser mediadores e auxiliares nesse processo.

- Valorizar todos os esforços apresentados pelo catequizando em participar e responder como os demais; acima de tudo, valorizar cada pequena conquista que funcione como reforço positivo, além de garantir maior envolvimento e prazer em estar e participar da catequese.

- Pessoas com dificuldades também têm potenciais e capacidades diversas, bem como entendem regras e podem aprender a lidar com perdas e frustrações; para isso, porém, é necessário ter firmeza, tratando-as como as demais, e estabelecer limites dentro do nível de compreensão delas e regras para o espaço e as atividades, que devem ser relembradas sempre que necessário.

- Fazer adequações de planejamento, ajustes na forma de conduzir determinados assuntos, e ser flexível durante a elaboração de atividades.

- Alguns diagnósticos podem trazer dificuldades mais acentuadas e demandar manejos e auxílios pontuais. Nesses casos, vale sensibilizar e envolver colegas, como tutores, auxiliares, mediadores, ajudantes, para as tarefas de locomoção e transporte, participação em atividades, manejo de comportamentos.

- É preciso pensar na acessibilidade estrutural, como rampas, elevadores, entradas alargadas de banheiros, barras de sustentação etc., e atentar quanto às barreiras arquitetônicas, como escadas, pisos escorregadios etc., pois é fundamental a oferta de espaços adaptados e acessíveis que permitam livre acesso e mobilidade a todos os catequizandos, especialmente àqueles com dificuldades motoras e mobilidade reduzida, que fazem uso de cadeiras de rodas, muletas, bengalas, andadores. Isso representa não só respeito à diversidade e garantia do direito de ir e vir, mas também, e principalmente, a acessibilidade atitudinal, que faz toda a diferença.

Vale lembrar que a catequese é a educação para a vivência na fé, e, quando falamos de catequese inclusiva, estamos nos referindo a um grupo muito maior do que apenas o de pessoas com deficiências ou dificuldades; estamos falando de nós todos, pessoas com ou sem deficiência que, em determinadas situações, podem necessitar de auxílio e acolhimento para não se perder no próprio processo de desenvolvimento.

Acredito que o movimento da catequese inclusiva, que tem crescido pelo desejo de cada catequista se doar e entender como cada um de seus catequizandos pode se desenvolver melhor em sua formação humana e cristã, cumpre o processo de desenvolvimento e entrosamento dos irmãos com deficiência na comunidade.

Todos somos *filhos de Deus*, portanto, temos o direito de conhecer e experimentar o seu *amor*. O caminho para isso *depende de cada um de nós*. Todos somos convidados a participar da ceia do Senhor, já que somos iguais perante Deus. Logo, não podemos nem devemos fazer distinção ou achar que alguns têm mais direitos e capacidades do que os outros. Todos têm direitos e capacidades, mesmo que diversas.

É fundamental que o catequista jamais perca de vista seus reais objetivos nessa caminhada tão especial, brilhantemente trilhada, apesar das barreiras e dificuldades que possam surgir e dos entraves que terão de administrar dia a dia.

Vale apontarmos alguns objetivos que precisam ser trabalhados a cada encontro e a cada novo desafio:

- Promover o envolvimento, a integração, a socialização e a participação dos catequizandos no grupo da catequese e na comunidade em que vivem – inclusão socioeducacional, sociointeracional.

- Oportunizar ao catequizando, a partir de ferramentas acessíveis, situações que o levem a vivenciar o amor de Deus por meio do respeito ao próximo, da união e da participação na missa e nas festas litúrgicas da Igreja. Isso se aplica principalmente aos que não têm deficiência, pois esse deve ser o objetivo maior: formação cristã e humana para o respeito à diversidade.

- Despertar os catequizandos para a oração e a caridade, estimulando-os a comunicar-se com Deus, cada qual do seu modo, no seu tempo e ritmo, acreditando sempre que todos têm capacidade e podem ir além de sua condição atual.

- Proporcionar aos catequizandos a graça de conhecerem a Palavra de Deus e receberem os sacramentos para seu crescimento espiritual. Para isso, deverão acontecer muitos ajustes na condução desse processo formativo.

- Conquistar e trazer a família para junto dessa missão de catequese, entendendo que todos têm papéis para dar continuidade e que cada papel possui o próprio peso e importância. Portanto, é essencial evangelizar também os pais dos catequizandos e conscientizá-los da importância de sua participação nas missas e em casa, com as orações, a leitura da Palavra de Deus e demais tarefas, acompanhando e dando exemplo real aos filhos. O trabalho da catequese precisar se estender para o contexto domiciliar como proposta de continuidade, em que cada um tem papel importante nesse movimento de formação.

A catequese não pode ser confundida com repetição sem sentido ou descontextualizado de determinado tema, nem ser simples memorização da doutrina ou mera recepção de sacramentos. Deve-se contextualizar e ressignificar saberes, já que catequizar faz parte de um movimento maior de ação educadora da Igreja. Logo, é urgente que novos olhares e atitudes comecem verdadeiramente a acontecer por parte dos grupos de catequistas, seja participando de congressos, seja pela livre iniciativa de ir ao encontro de novas pautas.

E isso já está acontecendo no Brasil, pois sou prova viva do grande interesse da comunidade de catequistas de se apropriarem de saberes sobre novos temas, como educação inclusiva, autismo, TDAH, deficiências, para entender melhor as ações de cada criança, adolescente e adulto, e, dessa forma, propor caminhos viáveis e acessíveis ao trabalho ofertado.

Sou procurado para ministrar palestras em congressos de catequistas, para participar de *lives* com grupos da Igreja, para disseminar novas informações que hoje são cada vez mais recorrentes entre os trabalhos propostos. Isso amplia olhares e cria novo movimento de acesso para aqueles que nunca o tiveram.

É fundamental que, nesse grande movimento pela catequese inclusiva, o catequista busque seguir metodologias ativas, inovadoras, lúdicas, que motivem o interesse do catequizando em voltar ao grupo, em fazer parte, utilizando em cada encontro novas formas de condução, mas sem se perder em suas ações.

Fazer uso de uma linguagem simples, clara e direta é muito importante para se compreender melhor quem tem prejuízos intelectuais, déficits atencionais, dificuldades comportamentais, e utilizar recursos lúdicos, como jogos educativos, livros ilustrados, fantoches, dedoches, desenhos, vídeos, áudios, pode ser de grande valia e significado nesse processo.

Além disso, utilizar algumas dicas de adequações curriculares propostas para o contexto escolar podem auxiliar o catequista a planejar seus encontros com seu grupo. Mais adiante serão apresentadas algumas dessas estratégias e adequações.

Por fim, é importante lembrar-se de:

- O que se quer partilhar, a forma dessa partilha e o protagonismo do catequizando.
- Fragmentar atividades longas em atividades mais curtas, o que favorece a muitos catequizandos.
- Valorizar um aprendizagem significativa, com apresentações práticas e que facilitem a compreensão.
- Validar e valorizar os pequenos avanços, bem como as habilidades e competências sociais, como iniciativas e

respostas de interação, boa postura e apresentação, otimismo, empatia, comunicação, comportamentos adequados em diferentes situações.
- Vivenciar práticas lúdicas e motivadoras.
- Utilizar recursos e atividades visuais e concretas.
- Estimular a oração espontânea e o louvor, promovendo momentos naturais, sem fazer imposição ou cobrança.
- Incentivar o catequizando a ler, mesmo que ainda não saiba fazê-lo com desenvoltura, e também a falar o que compreendeu sobre determinado tema ou assunto: a participação é o que conta.
- Qualificar cada pequeno avanço e esforço empreendido pela pessoa com deficiência, o que é muito importante para ela, pois muitas vezes esse aprendente passa horas se esforçando e tentando alcançar o que se espera dele e quase nunca é validado nesses esforços.

A pessoa com deficiência pode aprender, sim, dentro do seu tempo e de forma adequada a ela. Por isso, é essencial conhecer um pouco mais sobre cada um dos catequizandos, descobrir suas dificuldades e, acima de tudo, identificar suas capacidades ou deficiências, como síndromes, transtornos ou apenas situações que possam ser barreiras para o seu desenvolvimento global. Isso faz grande diferença: "O conhecimento é o primeiro passo para a inclusão".

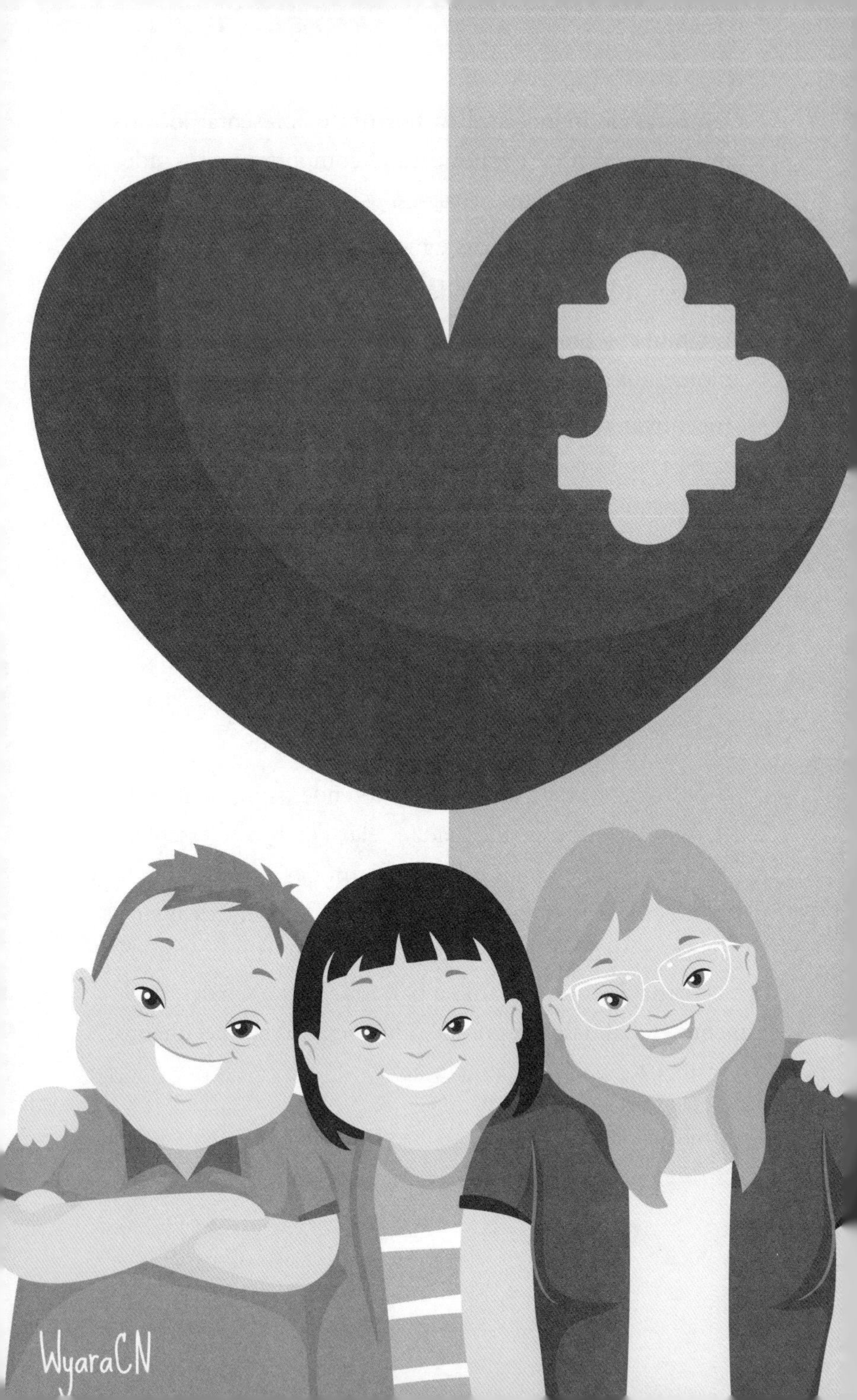
WyaraCN

Capítulo 6

Dicas práticas e orientações gerais Parte 1

> "Lutar pela igualdade sempre
> que as diferenças nos discriminem.
> Lutar pela diferença sempre que a igualdade
> nos descaracterize."
> (Boaventura de Souza Santos)

Adequações curriculares e ferramentas acessíveis podem ser importantes para a funcionalidade de qualquer pessoa, independentemente de sua condição. Portanto, é necessário evitar confusões quanto ao entendimento de que só se pode ou se deve fazer adaptações quando for apresentado um laudo, um diagnóstico ou algo do tipo.

A inclusão escolar, garantida e facilitada por ferramentas acessíveis como as adequações curriculares, a flexibilizações de currículo e conteúdo de ordem geral, o processo inicial de avaliação e intervenção nas Salas de Recursos Multifuncionais (SEM), bem como as atividades do centros de AEE, não podem esperar pela apresentação de um laudo ou diagnóstico médico (documento clínico) para começar todo esse processo, visto que a mais importante ferramenta é a avaliação pedagógica realizada no contexto escolar. É ela que direciona todo o trabalho escolar no movimento de acessibilidade necessária aos aprendentes (Nota Técnica 04/2014 – Brasil, 2014).

O diagnóstico médico é para a escola uma informação adicional sobre seu aprendente, e também um documento valioso para levar os docentes a estudar e a entender melhor como cada diagnóstico se apresenta e sobre como percorrer de modo mais adequado caminhos inclusivos que garantam a esses sujeitos maiores oportunidades de aprendizado. Além disso, o diagnóstico traz ao indivíduo a garantia de outros direitos, dentro e fora dos muros da escola.

Inclusão, adequações curriculares, acessibilidade e estimulação destinam-se a quem necessitar, e essa necessidade no contexto escolar será comprovada a partir da avaliação pedagógica do professor em sala de aula, do profissional do AEE ou de outros profissionais que trabalhem com suporte pedagógico dentro do espaço escolar, os quais, em sua prática diária, podem observar e identificar em seu grupo de aprendentes quais dificuldades e quais capacidades emergem de cada um deles, e assim entender que caminhos devem ser traçados a partir desse processo. Todo e qualquer aluno tem esse direito. Todos somos sujeitos de inclusão (Nota Técnica 04/2014; Brasil, 2014).

O mesmo se aplica a outros espaços de aprendizagens, formais ou não, sistemáticos ou assistemáticos. O entendimento é de que todas as pessoas precisam de oportunidades que lhes garantam sucesso, por menor que seja. E só conseguiremos seguir em frente se as barreiras de acesso forem superadas ou minimizadas. Para isso, nosso papel é particular e fundamental, com atitude, acolhimento e compreensão de que o mínimo ajuste pode fazer uma grande diferença para a vida funcional de alguém. Empatia é a palavra da vez.

Vale destacar que, de acordo com as políticas voltadas à educação especial em uma perspectiva do movimento pela inclusão, alguns alunos são considerados público-alvo para determinados serviços, dentre eles os de educação especial, que definem como seu público os alunos com deficiência física, auditiva, visual, intelectual e múltiplas, alunos com TEA e alunos com altas habilidades/superdotação (Brasil, 2011).

É importante lembrar que esse mesmo público-alvo faz parte também dos serviços de educação especial, do AEE realizado em SRM e em centros de AEE (abordagem pedagógica e multiprofissional); é ainda o mesmo público para possível necessidade de suporte de trabalho do cuidador escolar e de outros profissionais de apoio escolar, como o intérprete, o guia intérprete, o profissional para treino de orientação e mobilidade, o tradutor, o transcritor e o ledor (Brasil, 2010 e 2015).

No entanto, o movimento de inclusão não se limita a esse grupo; ele é muito maior, pois engloba a todos indistintamente. E sabemos que, no universo da diversidade humana, somos parte desse movimento, somos diferentes em tudo, temos histórias e composições familiares distintas, apresentamos saberes mais avançados ou dentro da média-padrão, temos dificuldades e capacidades de todas as ordens, ritmos e tempos variados, biótipos particularizados, somos de etnias diferentes, de movimentos religiosos distintos, de culturas e hábitos diversos, de gênero, identidade e orientação sexual particularizados; alguns de nós estudaram, outros ainda estudam e muitos não tiveram a oportunidade de estudar ou não o fizeram no tempo certo; enfim, somos gente, e gente na sua ampla possibilidade de ser e fazer.

Contudo, somos todos sujeitos de inclusão, temos o direito de ser quem somos, de viver como melhor nos convém, e merecemos respeito e atenção, acesso e oportunidades.

Inclusão é isso: acesso e permanência com investimentos que gerem sucesso. Dentro da escola essa regra não é diferente. Todos os alunos são alunos de inclusão. Na verdade, para a lei não existe "aluno incluído", existe *aluno*.

Sendo assim, para garantir a permanência exitosa nos contextos de aprendizagens, são importantes determinados ajustes e adequações particulares em atitudes, currículos, tempo, metodologias, espaços... Adiante falaremos e apresentaremos algumas dicas e estratégias para os alunos da educação especial, mas também para outros que compõem o grupo de alunos de ordem geral e que podem desenvolver os chamados "transtornos escolares".

É importante lembrar que, dentre tantos transtornos que se manifestam em idade escolar, continuamos a negligenciar um grande e preocupante número de alunos que se apresentam desde tenra idade em sofrimento emocional, com quadros de: TOD, transtornos de conduta, transtornos de tiques, transtornos de excreção, transtornos de ansiedade, Transtornos de Ansiedade

Generalizada (TAG), transtornos de ansiedade de separação, TOC, transtornos do sono, transtornos afetivos, depressão, bipolaridade, esquizofrenia, transtornos de personalidade *borderline*, transtornos alimentares, transtornos mistos do desenvolvimento, fobias específicas e fobias sociais, dentre tantos outros.

Esse grupo de alunos precisa de acolhimento e suporte especializado; por isso a necessidade de formação de profissionais que se habilitem para melhor conduzir questões de ordem comportamental, sem comprometer o processo de ensino e aprendizagem.

Cabe a legitimidade dessas ações a partir de políticas públicas que direcionem abordagens escolares pontuais.

Fica o clamor para que alguma coisa seja feita e para que a escola não esqueça que inclusão não faz distinção, cabe a todos os sujeitos.

Seguem alguns conceitos importantes sobre os principais tipos de deficiências, dificuldades, transtornos ou quadros similares que, em dado momento ou situação educacional, podem necessitar de condutas, ações, atitudes ou ferramentas ajustadas, dando ao aprendente a chance de estar, permanecer, receber auxílio e obter sucesso.

Trata-se de dicas e orientações educacionais que podem ser experimentadas no ambiente escolar, nos encontros de catequese, nas várias situações vivenciadas nos espaços da igreja, nos múltiplos espaços e serviços do grupo social em geral, ou por onde quer que a pessoa transite, e que estão de acordo com a Lei Brasileira de Inclusão ou Estatuto da Pessoa com Deficiência, Lei n. 13.146/2015 (Brasil, 2015):

Art. 2º – Considera-se pessoa com deficiência aquela que tem impedimento de longo prazo de natureza física, mental, intelectual ou sensorial, o qual, em interação com uma ou mais barreiras, pode obstruir sua participação plena e efetiva na sociedade em igualdade de condições com as demais pessoas.

§ 1º A avaliação da deficiência, quando necessária, será biopsicossocial, realizada por equipe multiprofissional e interdisciplinar e considerará:

I – os impedimentos nas funções e nas estruturas do corpo;

II – os fatores socioambientais, psicológicos e pessoais;

III – a limitação no desempenho de atividades; e

IV – a restrição de participação.

Art. 8º – É dever do Estado, da sociedade e da família assegurar à pessoa com deficiência, com prioridade, a efetivação dos direitos referentes à vida, à saúde, à sexualidade, à paternidade e à maternidade, à alimentação, à habitação, à educação, à profissionalização, ao trabalho, à previdência social, à habilitação e à reabilitação, ao transporte, à acessibilidade, à cultura, ao desporto, ao turismo, ao lazer, à informação, à comunicação, aos avanços científicos e tecnológicos, à dignidade, ao respeito, à liberdade, à convivência familiar e comunitária, entre outros decorrentes da Constituição Federal, da Convenção sobre os Direitos das Pessoas com Deficiência e seu Protocolo Facultativo e das leis e de outras normas que garantam seu bem-estar pessoal, social e econômico.

Deficiência Intelectual/Transtorno do desenvolvimento intelectual

A *Deficiência Intelectual* (DI), ou Transtorno do Desenvolvimento Intelectual, caracteriza-se por déficits em capacidades mentais genéricas, como raciocínio, solução de problemas, planejamento, pensamento abstrato, juízo, aprendizagem acadêmica e aprendizagem pela experiência (APA, 2014).

Esses déficits resultam em prejuízos no *funcionamento adaptativo*, de modo que o indivíduo não consegue atingir padrões de independência pessoal e responsabilidade social em um ou mais aspectos da vida diária, incluindo capacidade de comunicação, participação social, funcionamento acadêmico ou profissional e independência pessoal em casa ou na comunidade.

Trata-se de um transtorno com início no período do desenvolvimento, que inclui déficits funcionais, tanto intelectuais quanto adaptativos, nos domínios conceitual, social e prático.

Os três critérios a seguir devem ser preenchidos para se chegar a um diagnóstico:

a) *Déficits em funções intelectuais*, como raciocínio, solução de problemas, planejamento, pensamento abstrato, juízo, aprendizagem acadêmica e aprendizagem pela experiência, confirmados tanto pela avaliação clínica quanto por testes de inteligência padronizados e individualizados.

b) *Déficits em funções adaptativas*, que resultam em fracasso para atingir padrões de desenvolvimento e socioculturais em relação à independência pessoal e responsabilidade social. Sem apoio continuado, os déficits de adaptação limitam o funcionamento em uma ou mais atividades diárias, como comunicação, participação social e vida independente, e em múltiplos ambientes, como em casa, na escola, no local de trabalho e na comunidade.

c) *Início dos déficits intelectuais e adaptativos durante o período do desenvolvimento.*

Levando-se em conta o quadro característico para a deficiência intelectual, é importante e necessário que ferramentas acessíveis façam parte do repertório de atuação de qualquer profissional, visto ser esse o percurso mais viável para a garantia de uma vida funcional a esses sujeitos, em todos os aspectos de sua vida.

Um olhar sensível e uma atitude de acolhimento a tal entendimento podem fazer grande diferença para que tenhamos no futuro sujeitos mais independentes e funcionais. Essas práticas precisam acontecer em todos os cenários, em casa, na escola, na catequese, na igreja, nos contextos sociais e profissionais.

Vale destacar alguns pontos que merecem atenção especial e os ajustes necessários a serem aplicados pelo profissional em seu campo de atuação:

- Conhecer sobre a DI.
- Obter, junto aos pais, informações fundamentais que direcionem, de forma facilitada, para a elaboração e implantação de um PDI/PEI.
- A entrevista familiar, livre ou dirigida, deve ser o ponto de partida para muitas estratégias pensadas ao aluno. Essas informações têm de incluir interesses, preferências,

habilidades e limitações em casa e na vida social (habilidades adaptativas), pois elas podem ser decisivas para o sucesso das intervenções de inclusão escolar, social, e para o processo de ensino e aprendizagem de ordem geral. Entendendo o funcionamento do aprendente, as estratégias serão mais bem direcionadas.

- Educar ou mediar processos de ensino e aprendizagem para alunos com deficiência intelectual requer esforço consciente por parte do professor, especialmente no tocante à comunicação, dada a limitação do vocabulário e as dificuldades de linguagem expressiva e receptiva que podem se apresentar nesse aprendente. Dessa forma, é fundamental orientar a família a buscar um suporte fora dos muros da escola, a partir de um processo fonoaudiológico de avaliação e intervenção.

- Praticar a acessibilidade comunicacional e metodológica, mediante o uso de um vocabulário acessível e de explicações objetivas, previne interpretações equivocadas e facilita a compreensão geral e específica de qualquer aluno. Portanto, o professor precisa ser claro e pontual em suas solicitações ou nas apresentações de atividades ou avaliações, propondo situações de baixa complexidade e, aos poucos, ir aumentando o nível de dificuldade, de acordo com o retorno percebido.

- Persistência e autoavaliação são importantes. Educar alunos com deficiência intelectual requer "paciência" para enfrentar os desafios educacionais diários. A repetição de explicações, a explicação apresentada de modos diferentes e no nível de entendimento do aprendente, bem como a correção de comportamentos inadequados em momentos pontuais, são, quase sempre, questões necessárias. Uma forma de tornar eficaz a repetição é aliar a instrução verbal ao uso de recursos visuais e auditivos – estilos de aprendizagem devem ser identificados em cada aprendente particularmente; isso faz toda a diferença para o trabalho que se quer realizar.

- As atividades propostas ao aluno com deficiência intelectual, tanto as realizadas em sala de aula como as tarefas de casa, precisam e devem atender a alguns princípios importantes, dentre eles que o profissional compreenda como esse quadro diagnóstico se apresenta e como o evidencia em seu aluno, aprendente, catequizando, filho.

- As instruções dadas ao aluno com deficiência intelectual devem ser curtas, claras, simples, pontuais e diretas, com apresentação sequencial, passo a passo, ou seja, uma orientação por vez e de acordo com o nível de compreensão do aprendente, para depois ir aumentando a complexidade conforme as respostas e avanços dele.

- Fragmentar as atividades maiores em atividades menores e de fácil execução, dividindo cada nova tarefa em pequenos passos, ajuda o aprendente a identificá-los, e corrigir por meio de demonstração prática sempre que necessário.

- Apresentar informações verbais com associações práticas e, de preferência, visuais ajudará o aprendente a retê-las melhor.

- Não subestimar as capacidades do aprendente, evitando atitudes e julgamentos capacitistas, mas acreditar que ele seja capaz e que as dificuldades dele não o definem. Permitir a experimentação, oportunizar possibilidades de tentativas.
- Incentivar a livre iniciativa, levando o aprendente a acreditar no próprio potencial. Para isso, inicialmente deixar que tente realizar a atividade sozinho e da forma como conseguir e, se necessário, estruturar o que se espera dele e aos poucos fazer ajustes e correções, até que ele alcance a máxima autonomia e sucesso.
- Utilizar a informação visual de marcadores e sinalizadores visuais, a qual funciona positivamente não só para pessoas com quadros de prejuízos cognitivos, por ser bem captada por elas, mas também é bastante prática para muitos aprendentes.
- Fazer uso de relógio, calendário e quadros referenciais e sequenciais, com rotinas, imagens e palavras, alfabeto e números, por exemplo, pode melhorar a organização (visual, temporal e espacial) dos aprendentes e auxiliar a memória de curto e longo prazo (capacidade para retenção e evocação).
- Promover o sociointeracionismo, por meio de atividades e jogos cooperativos trabalhados em sala de aula, em duplas ou grupos, são muito bem-vindos, como também atividades laborativas e vivenciais, como oficinas autoexpressivas, artísticas, atividades psicomotoras, sensoriais com música e teatro (dramatização). Essas ferramentas

tornam o processo de aprendizado mais prático, concreto, palpável e, acima de tudo, muito mais prazeroso.

- Incorporar novas possibilidades criativas nas práticas de planejamento, nas atividades e em situações diversas, reinventando-se e saindo do modelo tradicional e engessado. Isso representa estimular o uso de diferentes meios de leitura e escrita, como letras móveis, lápis adaptados, bem como outras ferramentas próximas ao universo da criança e do adolescente, como celular, tablet, computador, e objetos que incentivem a imaginação e a fantasia, como fantoches, dedoches etc. Tudo isso, hoje, é considerado ferramentas ou recursos assistivos, ou "tecnologias assistivas", facilitadoras da vida de pessoas com dificuldades de ordem geral.

- Jogos educativos, estratégicos, sensoriais, cognitivos e de desafios devem ser incorporados ao trabalho de aprendizagem, além de recursos pedagógicos direcionados a abordagens específicas, como o material dourado, dados e cubos funcionais, blocos lógicos, ábacos, soroban (ábaco japonês/tábua de contar), calculadoras, que podem auxiliar bastante no processo de estimulação cognitiva, facilitando o raciocínio lógico e o ensino da matemática.

- O professor/profissional deve dar respostas, devolutivas, imediatas (*feedback*, retorno pontual) às questões do aluno, a fim de não perder a oportunidade de solucionar as dúvidas surgidas no momento e, assim, qualificar o aprendizado pela adequação das respostas.

- Na apresentação de conteúdos curriculares, de seu plano de trabalho e na elaboração e apresentação de atividades, propostas e avaliações, o professor/profissional do aluno com deficiência intelectual deve ser o mais concreto, direto e claro possível, para evitar confusões e abstrações equivocadas por parte do aprendente.
- Alunos com deficiência intelectual aprendem melhor quando a instrução é objetiva, direta e concreta, sem elementos de duplo sentido; assim se evitam confusões e erros por falhas de interpretação.
- Muitos aprendentes internalizam melhor as instruções quando estas se apresentam inalteráveis (um bom exemplo são as informações visuais, os lembretes, calendários, sequência das aulas e atividades, quadros de rotinas e atividades a cumprir). Em virtude disso, podem compreender mais facilmente a partir das informações visuais (que podem predominar como um dos estilos de aprendizagem).
- Experiências vivenciadas pelo uso de recursos audiovisuais e experiências mais vivenciais e práticas complementares, bem como a criação de elos entre os novos conhecimentos e os previamente adquiridos, são de grande utilidade nesse contexto proposto para a abstração de informações gerais.
- Alunos com deficiência intelectual muitas vezes apresentam habilidades sociais limitadas, o que pode tornar mais difícil seu processo de integração e interação com seus pares e o envolvimento nas atividades sociais em

curso na escola, na catequese, na igreja, em casa, nos esportes e em outros espaços comunitários. Sendo assim, o professor/profissional deve sempre priorizar as estratégias que permitam desenvolver condutas ou habilidades adaptativas fundamentais à autonomia e à vida diária independente, como: cuidados com a saúde, segurança e higiene pessoal, comunicação, recreação, uso funcional dos serviços comunitários, compreensão para conceitos básicos de cálculo, leitura, uso do dinheiro, identificação e discriminação de valores, e habilidades sociais para manejos relacionais e adaptabilidade funcional às regras do meio, bem como caminhos que facilitem o ingresso na vida prática e profissional.

- Deve-se atentar para as relações dos alunos no espaço escolar, principalmente daqueles com deficiência intelectual, que com frequência são alvos fáceis para práticas de *bullying*; isso de forma alguma pode ser tolerado, especialmente dentro dos contextos escolares e religiosos. O professor/profissional, a família e a comunidade escolar desempenham papel essencial na inclusão social desses alunos e no combate e na repressão a qualquer tipo de prática excludente e humilhante.

Conheça mais sobre a deficiência intelectual e veja o que encontra em seu aluno: "O conhecimento é o primeiro passo para a inclusão".

Deficiência auditiva

De acordo com a Lei n. 14.768, de 22 de dezembro de 2023, a deficiência auditiva configura-se como uma deficiência sensorial:

> Art. 1º – Considera-se deficiência auditiva a limitação de longo prazo da audição, unilateral total ou bilateral parcial ou total, a qual, em interação com uma ou mais barreiras, obstrui a participação plena e efetiva da pessoa na sociedade, em igualdade de condições com as demais pessoas (Brasil, 2023).

Podemos encontrar algumas divergências quanto aos termos surdez e deficiência auditiva: do ponto de vista orgânico, eles têm significados similares, porém vale destacar que, do ponto de vista clínico, o que difere surdez de deficiência auditiva é a profundidade da perda auditiva. Nesse sentido, as pessoas que apresentam perda auditiva profunda, unilateral ou bilateral, e não escutam nada, são surdas. No entanto, aquelas que apresentam uma perda leve ou moderada, e têm parte da audição, são consideradas deficientes auditivas.

"Surdo" é o termo correto para se referir à pessoa com perda total da audição.

Compreender as peculiaridades entre todos os casos é fundamental para entender como lidar com cada sujeito e como melhor conduzir situações que qualifiquem sua vida de forma respeitosa e inclusiva.

Vale destacar alguns pontos que merecem atenção especial e os ajustes necessários a serem aplicados pelo profissional em seu campo de atuação:

- *Educação bilíngue*: desde tenra idade, a criança deve ter a oportunidade de vivenciar a educação bilíngue, como Libras/português, em escolas bilíngues para alunos surdos, desde a educação infantil até o Ensino Fundamental. Assim, pode desenvolver competências linguísticas, metalinguísticas e cognitivas que permitam a aquisição do português escrito e, com isso, um melhor aproveitamento do conteúdo escolar. Essa não é a realidade brasileira, uma vez que somente algumas unidades escolares já agregam em seu currículo a disciplina de Libras, iniciando muito discretamente esse processo.

- *Capacitação em Libras*: é legítimo e urgente que toda a população e as escolas, em especial as intituladas "escolas inclusivas", tomem consciência de que devem assegurar a inclusão do aluno surdo na sociedade, ao valorizar e promover o idioma materno em Libras, como meio de comunicação e veículo de educação e facilitação no seu processo de aprendizagem e de interação social. Para isso, são necessárias algumas medidas:
  - capacitar toda a comunidade escolar, bem como professores e profissionais do AEE, para o ensino e a aprendizagem de Libras desde cedo, de modo a auxiliar o aluno surdo a aprender o conteúdo escolar dentro da sua condição, assimilando adequadamente conteúdos curriculares e informações gerais. Em se tratando do AEE, esse aluno deverá receber atividades de complementação ao seu processo aprendizagem.

- Disponibilizar nas escolas um intérprete de Libras para alunos surdos com domínio e fluência nessa língua, bem como um monitoria inclusiva para auxiliá-los em diversas situações no contexto escolar.
- Equipar as bibliotecas da escolas, tanto públicas quanto privadas, e as salas de recursos multifuncionais – que fazem o AEE de alunos da educação especial –, desde a educação infantil até o ensino superior, com recursos direcionados aos alunos surdos, como livros, materiais didáticos e jogos pedagógicos em Libras – letras, palavras, números, saudações, cores, animais, alimentos, incluindo livros, dicionários e enciclopédias –, para práticas de estimulação e intervenção, a fim de facilitar e melhorar a assimilação do conteúdo escolar em Libras/português.
- Sinalizadores visuais, para avisos e informações gerais, e luminosos instalados acima do quadro da sala de aula facilitam o entendimento de alunos surdos e auxiliam na transição de uma aula para outra, para o intervalo e o fim da aula.
- Sempre que possível, o professor/profissional deve falar de frente para os alunos surdos, que podem se beneficiar de leitura labial, mesmo fazendo uso da Libras.
- Deve também antecipar-se na organização de alguns materiais e, se possível, já trazê-lo pronto, o que pode ser de grande valia pedagógica.
- Na exibição de vídeos, utilizar legendas e certificar-se da qualidade da imagem, para melhor aproveitamento dos aprendentes.

É preciso que o professor/profissional da educação compreenda mais sobre a deficiência auditiva e sobre seus alunos surdos, sua família e trajetória de vida. Uma pequena atitude de acolhimento ao outro e respeito por sua condição particular pode fazer grande diferença: "O conhecimento é o primeiro passo para a inclusão".

Deficiência visual

É atribuída àqueles indivíduos que têm perda total (cegueira) ou parcial (baixa visão) da capacidade visual, em um ou nos dois olhos.

Levando-se em conta a Classificação Estatística Internacional de Doenças e Problemas Relacionados à Saúde (CID), elaborada pela Organização Mundial da Saúde (OMS), é considerado cego quem possui valores de acuidade visual abaixo de 0,05, ou seu campo visual é menor do que 10º; e com baixa visão quem tem valor de acuidade visual corrigida no melhor olho menor do que 0,3 e maior ou igual a 0,05, ou seu campo visual é menor do que 20º no melhor olho, com a melhor correção óptica.

Pessoas com surdocegueira são as que apresentam características peculiares, como graves perdas auditivas e visuais, levando-as a formas específicas de comunicação para terem acesso a lazer, educação, trabalho e vida social funcional. Não há necessariamente uma perda total dos dois sentidos. Tal condição pode ser identificada como: cegueira congênita e surdez adquirida; surdez congênita e cegueira adquirida; cegueira e surdez congênitas; cegueira e surdez adquiridas;

baixa visão com surdez congênita; baixa visão com surdez adquirida (MEC/SEESP, 2010).

No entanto, especificamente no caso da deficiência visual, algumas dicas são válidas e merecem atenção especial, a fim de se evitar certos desconfortos:

- Ao se comunicar com uma pessoa cega, não é necessário aumentar o volume ou a intensidade da voz, pois, em geral, ela pode ouvir perfeitamente; e caso esteja acompanhada. Dirija-se diretamente a ela, e não a seu guia ou acompanhante.

- Quando estiver conversando com ela ou próximo dela, e precisar se retirar do local, avise que está saindo. Não a deixe falando sozinha, por acreditar que você ainda continua lá.

- Evite passar na frente dos recursos assistivos de uma pessoa cega, como a bengala, por exemplo, para evitar acidentes. Isso vale também para outros recursos, como piso tátil, pista sinalizada ou qualquer outro que guie alguém com deficiência, obstruindo-lhe a passagem.

- Em contextos domiciliares, escolares, profissionais e similares, mantenha portas, armários e gavetas sempre fechados, e oriente as pessoas a fazerem o mesmo. Caso contrário, alguém cego pode bater neles e se machucar.

- Quando uma pessoa cega desejar atravessar uma rua, não deixe de oferecer ajuda, mas antes pergunte do que precisa e como pode conduzi-la melhor.

- Considere o corpo de alguém cego como seu referencial de orientação espacial. Ao perceber que ele corre perigo ao se aproximar de um obstáculo, ajude-o a se localizar, utilizando as expressões: "À sua esquerda", "À sua direita", "À sua frente", "Atrás de você"; e não se constranja em alertá-lo sobre situações como: zíper aberto, camisa do avesso e outras.

- Em um restaurante, ao servir uma pessoa cega, sempre fale os tipos de alimentos disponíveis no cardápio, caso este não esteja acessível. Em casa, permita que ela mesma se sirva, orientando-a sobre a posição dos alimentos à mesa, ou, se ela assim desejar, pergunte o que gostaria de comer e a quantidade de alimento a ser colocada seu prato, e peça para os familiares e cuidadores também fazerem o mesmo, com as sentenças: "À sua esquerda", "À sua direita", "À sua frente", sempre tendo o corpo dela como referência.

- Ao servir água, suco, café ou outra bebida para uma pessoa cega, não encha a xícara ou o copo até a borda, ou a oriente a utilizar a ponta do próprio dedo como sinalizador, caso ela deseje se servir.

- Seja a ajuda necessária, sem julgar a capacidade do outro.

Vale destacar alguns pontos que merecem atenção especial e os ajustes necessários a serem aplicados pelo profissional em seu campo de atuação:

- O profissional/professor que identifica a presença de alunos com deficiência visual em seu atendimento/sala, desde aqueles com pequenas perdas visuais, passando pelos de baixa visão ou os legalmente cegos, deve se lembrar de que precisará de ferramentas que garantam o direito de acessibilidade aos programas, aulas, atividades e avaliações.

- O aluno com deficiência visual e/ou legalmente cego tem o direito de receber seu material didático com antecedência, em Braille, como o vocabulário que será usado na aula, o roteiro das atividades ou até mesmo o livro de que irá necessitar. Dessa forma, o conteúdo poderá ser mais bem trabalhado e em tempo hábil. Não sendo possível antecipar isso, em situações excepcionais pode ser providenciado logo após a aula ou atividade. Destaque-se que essa orientação se aplica ao aluno que já faz uso funcional do Braille e que domina esse processo de leitura e escrita de forma independente.

- Esse mesmo material didático precisa estar alinhado ao seu domínio de utilização e funcionalidade, com adequações curriculares; por exemplo, desenhos, figuras, gravuras e demais imagens (inclusive as mostradas em vídeo) devem ser apresentados antecipadamente ao aluno e, ainda, descritos em português (audiodescrição).

- A audiodescrição deve ser acompanhada da exploração tátil da figura ou do desenho, em Braille ou alto-relevo, sempre que possível. Ressalte-se a importância de consultar sobre a necessidade de descrever algum material em imagem, pois algumas vezes há queixas de que, quando esse processo acontece durante a execução de uma aula, acaba atrapalhando o processo de atenção do conteúdo apresentado.

- Suplementação e complementação, atividades praticadas pelo profissional do AEE, deve também fazer parte das práticas do professor/profissional mediador dos processos de aprendizagem de qualquer aprendente.

- Recomenda-se que as aulas, atividades, estratégias de estimulação ou momentos complementares ou suplementares com o aluno com deficiência aconteçam em horário de contraturno, pois são importantes para a preparação das aulas e a exploração do material a ser usado pelo professor e pelos demais alunos. Por isso, ele não deve ser retirado do momento pedagógico de classe, do seu tempo de escolarização, a não ser em situações pontuais e particulares, a serem avaliadas.

- O professor/profissional deve lembrar-se de que, durante atividades, testes ou avaliações, as perguntas que impliquem recorrer aos textos para ilustrar as respostas devem ser comedidas, pois isso requer do aluno com deficiência visual muito mais tempo, o que o coloca em desvantagem ou em possível fracasso, e a ideia é possibilitar caminhos acessíveis em todos os momentos de seu percurso acadêmico.

- Os textos mais curtos, com clareza de ideias e apresentados de forma direta são muito mais acessíveis e devem ser apresentados em Braille ou oralmente, sempre que houver necessidade (vale sempre consultar o aluno sobre qual o modo mais funcional para ele em cada situação proposta).

- Em várias situações pode haver necessidade de se recorrer às adequações curriculares, garantindo assim que atividades e avaliações sejam adaptadas, por exemplo: fragmentar atividades e avaliações, pois dois ou mais textos menores são melhores que um texto longo e/ou cheio de figuras; reduzir o número de questões ou dar um tempo maior para a realização delas, ajustado a cada situação; fazer perguntas que exijam respostas diretas e não exigir a produção de mapas, tabelas, gráficos e demais figuras em relevo, que exigem maior tempo e prática (nem sempre disponíveis ao aluno em momentos como esses).

- Perguntas para serem respondidas sem o auxílio da visão podem ser feitas durante as aulas ou sempre que se tenha a oportunidade. Não se trata de fazer testes mais fáceis ou com menor qualidade educacional, porém contemplar a necessidade educacional do aluno com deficiência visual ou com dificuldade de aprendizagem é um direito que lhe assiste.

- A leitura pelo tato é feita de modo sequencial; assim, muitas informações em um pequeno espaço ou mesmo poucas em um espaço muito grande podem dificultar a aquisição e/ou processamento de ideias, prejudicando a compreensão do aprendente e diminuindo a importância desse recurso e demais configurações bidimensionais.

- Adequações são bem-vindas em vários momentos de atividades vivenciais. No laboratório ou em qualquer outra situação em que o aprendente possa ter uma experiência concreta sem a utilização da visão, ele deverá também participar do processo, assim como os demais alunos. Por exemplo, permitindo que atue diretamente, anotando os dados observados pelos colegas, cortando, dobrando, colando, ou mediante colaboração indireta, dando ideias na fase de elaboração da atividade em grupo ou fazendo observações acerca de alguns pontos apresentados. Assim, o processo de mediação será facilitado e sua participação não ficará comprometida. O importante é que participe do processo a seu modo.

- Para conteúdo específico, como história, geografia, ciências, física e química, algumas estratégias podem ser facilitadoras na condução do que se deseja trabalhar. Exploração de esquemas/gráficos e manuseio de materiais devem ser feitos junto com o aluno, se possível antecipadamente. Nas aulas práticas e que demandem a realização de atividades experimentais, cuja observação dependa exclusivamente da visão, e não possam ser substituídas pelas vias sensoriais tátil, auditiva, olfativa ou gustativa, as informações devem ser descritas ao aluno de maneira oral pelo professor, por um auxiliar de laboratório ou colega de sala/mediador. Isso facilita a participação do aprendente e ainda evita que algumas experiências negativas aconteçam.

- Já o professor de matemática ou de raciocínio lógico deve levar em conta alguns procedimentos em relação aos aprendentes com deficiência visual:
    - a maioria dos exercícios escritos no quadro, ou até mesmo os apresentados em livros, atividades e avaliações, precisam ser lidos em voz alta, para que eles se apropriem do conteúdo. O uso do soroban também será de grande valia a eles;
    - um único exercício bem executado pelos aprendentes, do princípio ao fim, e devidamente corrigido é mais

produtivo que muitos exercícios mal executados e sem correção. É importante que esse cálculo faça sentido para todos eles;

- oferecer esquemas e/ou exercícios menos densos e mais significativos. Os conteúdos curriculares precisam fazer sentido para todos os aprendentes, e para alunos com deficiência isso é fundamental para seu envolvimento e participação;

- encorajar e oportunizar estratégias mentais para resolução de problemas, ajudando os aprendentes a treinar operações com cálculo mental e orientá-los sempre que necessário. Atividades mais complexas e que demandem cálculos mais difíceis, com contas ou operações longas, devem ser propostos apenas quando já estiverem resolvendo com desenvoltura as operações menos complexas. Um passo de cada vez, sempre;

- possuir formação básica em Braille ou então ter disponível em classe o código Braille para matemática, de modo a ajudar os aprendentes quando não souberem um sinal, um símbolo novo, ou ainda para relembrarem um código já aprendido anteriormente;

- deve ter à mão o material concreto, tridimensional, palpável, servindo-se dele quando a explicação ou compreensão do conteúdo o exigir. Esse recurso é muito importante para todos os alunos; porém, para o aluno com deficiência visual, isso é primordial. Por isso, viabilizá-lo em todas as atividades e lugares garantirá a participação plena de todos no cotidiano escolar e, consequentemente, uma verdadeira inclusão e sentimento de pertencimento.

- Em atividades de arte, os aprendentes com deficiência visual podem realizar tantas coisas quanto os que têm visão, valendo-se do tato e dos demais sentidos. Portanto, os professores/profissionais podem, por exemplo:
  - estimulá-los sensorialmente por meio de múltiplas situações e contextos, em que terão grande proveito ao usar diferentes recursos, como texturas e tamanhos, pesos e temperaturas, cheiros e associações reais, odores e sensações, músicas, sons diversos, como de animais, pássaros, carros, objetos e situações do dia a dia. Esses materiais devem estar disponíveis a todos os alunos. Quanto mais envolvidos nas atividades, mais lúdicas serão;
  - ensinar-lhes as cores, sempre as descrevendo e exemplificando por meio de situações reais, especialmente as que façam parte do repertório vivencial deles. Por exemplo, falar das variações de tonalidade, como azul-claro ou verde-escuro, indicar onde aparecem e em que situações, como na maçã vermelha, na folha verde, e que, combinadas, dão origem a outras cores secundárias, como na blusa marrom e na sandália roxa da colega etc.;
  - propor trabalhos em dupla, trio ou grupo, que são muito benéficos à participação na sala de aula e ao envolvimento de todos os alunos, onde cada um colabora de acordo com suas capacidades e talentos, favorecendo, inclusive, os processos de socialização;

- validar positivamente os esforços e as conquistas de todos os aprendentes é sempre muito bem-vindo; porém, àqueles que apresentam mais dificuldades, isso é primordial e motivador. Contudo, o excesso de elogios, quando o trabalho merece maior zelo, poderá ser danoso, uma vez que o aluno pode, de fato, achar que o que fez já está bom, não buscando aprimorar-se;
- descobrir habilidades e talentos de todos os aprendentes, com ou sem deficiência, utilizando-os para outros ganhos importantes no seu processo de aprendizagem. Não se trata de tornar o aluno um artista, mas, se for essa a sua habilidade, deve-se ajudá-lo a tirar o máximo proveito dela;
- dar o máximo de informações, a fim de compor a educação artística do aluno com deficiência visual, que, por vezes, já estão disponíveis às pessoas que enxergam. Pode fazer isso por meio da experimentação de situações reais: junto com a descrição de objetos concretos, como animais, flores, propor que os explore localmente, percebendo-os como qualquer outro aluno.
- O professor de educação física ou o profissional psicomotricista, por sua vez, precisa:
  - envolver os alunos com deficiência visual no máximo de atividades que puderem realizar, para terem a oportunidade de participar de todas as atividades propostas à classe, mas sempre observando como e em quais pode ser mais funcional;

- evitar atividades descontextualizadas do conteúdo trabalhado com todos os outros aprendentes da turma. É necessário, portanto, avaliar quais cumprem esse requisito e adaptá-las de acordo com o objetivo educacional da unidade educacional;
- não estimular a competição nem a rivalidade. Atividades competitivas devem ser substituídas pelas de cooperação, participação, colaboração para o bem-estar e a aprendizagem de todos;
- lembrar-se que atividades físicas que exijam deslocamentos mais velozes devem ser praticadas em ambientes propícios, familiares aos aprendentes com deficiência visual, que podem ser apresentados a eles a fim de explorá-los antes da aula;
- basear-se no próprio corpo ou no corpo de outro aluno para mostrar os movimentos necessários ao cumprimento do exercício proposto, sempre que for necessário, ou solicitar que o aprendente com deficiência visual diga como determinadas atividades podem ser mais funcionais para ele;
- oportunizar situações de autonomia, acreditando na capacidade do aluno. Para isso, propiciar o máximo de liberdade e possibilidade de exploração e reconhecimento dos espaços físicos da escola, como quadra de esportes e demais ambientes, sem ou, preferencialmente, com bengala. Isso favorece, portanto, vivências e treinos chamados de "orientação e mobilidade", que devem ser realizados ou orientados por um profissional especializado;

- propor atividades em grupo, a fim de que os alunos descubram potencialidades, limites e habilidades uns dos outros. Inclusão é envolvimento, partilha e cooperação.

Conheça mais sobre a deficiência visual e identifique as características de seu aluno: "O conhecimento é o primeiro passo para a inclusão".

Deficiência física

Trata-se de um comprometimento do aparelho locomotor, que compreende os sistemas osteoarticular, muscular e nervoso, acarretando uma alteração completa ou parcial de um ou mais segmentos do corpo humano. Pode comprometer a mobilidade, a coordenação geral e afetar a fala em diferentes graus, resultando em dificuldades na realização de atividades cotidianas (como andar, correr, pular, saltar, alimentar-se, usar o banheiro, digitar e escrever) de modo independente (sem auxílio de equipamentos ou de outras pessoas).

Doenças ou lesões que afetem quaisquer sistemas – isolados ou em conjunto – podem também produzir quadros de limitações físicas de grau e gravidade variáveis, segundo os segmentos corporais afetados e o tipo de lesão ocorrida.

Esse quadro diagnóstico, em seus diversos níveis de complexidade e caracterização, apresenta-se sob a forma de: lesão cerebral (paralisia cerebral, hemiplegias), lesão medular (tetraplegias, paraplegias), miopatias (distrofias musculares), patologias degenerativas do sistema nervoso central (esclerose múltipla, esclerose lateral amiotrófica), lesões nervosas periféricas, amputações, sequelas de politraumatismos, malformações congênitas, distúrbios posturais da coluna, sequelas de patologias da coluna, distúrbios dolorosos da coluna vertebral e das articulações dos membros, artropatias, reumatismos inflamatórios da coluna e das articulações, lesões por esforços repetitivos (LER), sequelas de queimaduras e outras.

Por ser uma das deficiências físicas mais comuns nos espaços escolares, cabe aqui uma descrição especial da paralisia cerebral (PC), grupo de sintomas que englobam dificuldade de movimentação e rigidez muscular (espasticidade). Ela resulta de malformações cerebrais que ocorrem antes do nascimento, durante a época em que o cérebro está se desenvolvendo, ou de danos cerebrais que acontecem antes, durante ou após o nascimento, provocados pela diminuição ou falta de fornecimento de oxigênio ao cérebro, ou ainda como consequência de infecções.

Os sintomas variam desde uma dificuldade na coordenação motora quase imperceptível, dificuldades significativas em movimentar um ou mais membros, até paralisia e articulações tão rígidas que não se movimentam de forma nenhuma.

Algumas crianças com paralisia cerebral podem apresentar problemas comportamentais, dificuldade para ver ou ouvir e/ou transtornos convulsivos, e o diagnóstico é feito quando elas demoram para aprender a andar ou para desenvolver outras habilidades motoras, ou quando os músculos delas são rígidos ou fracos.

A maioria das crianças com paralisia cerebral sobrevive até a idade adulta como qualquer outra pessoa, mas é importante destacar a necessidade de suporte multiprofissional para processos de estimulação global desde cedo, e identificação de comorbidades que comprometam a vida funcional delas.

Vale destacar alguns pontos que merecem atenção especial e os ajustes necessários a serem aplicados pelo profissional em seu campo de atuação:

- Não confunda deficiência física com outras deficiências. Nesse contexto, as dificuldades são motoras.
- Não se apoie na cadeira de rodas de pessoas com comprometimento global de movimento, porque é como uma extensão do corpo delas.
- Não receie falar as palavras "andar" ou "correr" próximo a cadeirantes, pois eles também usam tais palavras no próprio contexto.
- Se for conduzir alguém que faz uso de cadeiras de rodas ou de outros recursos assistivos, escolha, se possível, um caminho sem barreiras arquitetônicas.
- Em uma conversa prolongada, se for o caso, sente-se de modo a ficar no mesmo nível do olhar do cadeirante.
- Quando estiver conduzindo alguém em uma cadeira de rodas, ao descer uma rampa muito inclinada, ou degraus, prefira o deslocamento em "marcha a ré", para evitar que ele perca o equilíbrio e deslize para a frente.
- Nunca subestime a capacidade intelectual de pessoas com PC, pois, apesar das dificuldades na fala, dos movimentos faciais involuntários e de apresentarem marcha difícil ou mesmo inexistente, se receberem o apoio necessário, podem aprender e se desenvolver de forma bastante satisfatória.

- Ao auxiliar alguém que use muletas, acompanhe o ritmo de seus passos e tome cuidado para não esbarrar nelas; e também deixe as muletas sempre ao alcance das mãos dele.

- Pessoas com deficiência física não são surdas, nem cegas, nem possuem problemas mentais; suas dificuldades consistem nas barreiras arquitetônicas, relacionadas a construções e equipamentos. Portanto, se apresentarem dificuldade na fala e não for possível compreender o que estão dizendo, pode-se pedir para repetir. Em alguns casos há possibilidade de usar comunicação alternativa, como a escrita manual ou via computador para facilitar o entendimento.

- Não estacione em frente às rampas ou locais reservados às pessoas com deficiência, pois foram construídos para atender a uma necessidade específica, como é o caso dos usuários de cadeira de rodas.

- Para acessibilidade física ou estrutural, a colocação de pequenos degraus inclinados ou rampas é bem-vinda em vários espaços por onde a pessoa com deficiência física possa transitar.

- Nos espaços públicos, também é essencial a instalação de bebedouros e assentos de banheiro adaptados, entre outros recursos e serviços para facilitar o uso funcional dos deficientes físicos. Deve-se evitar obstáculos pelo caminho, deixando espaços de circulação livres e independentes.

- Nos ambientes internos, é importante instalar tapetes ou pisos antiderrapantes em áreas escorregadias (corredores, salas, banheiros e locais similares), portas largas para o livre acesso da cadeira de rodas e mobiliário com cantos arredondados, para evitar batidas e machucados.

- O ambiente escolar ou qualquer outro espaço educacional deve proporcionar aos alunos com deficiência um ambiente adequado para cuidados especiais individualizados, com apoio técnico sempre que necessário.

- Alunos com deficiência física necessitam de transporte adaptado para seu deslocamento casa–escola–casa, a fim de evitar qualquer desconforto ou acidente; porém pode ser necessário o suporte do cuidador escolar.

- Já nas salas de aula, devem existir corrimãos próximos ao quadro e assentos e mesas adaptados, junto com o mobiliário de uso comum, de forma a promover maior conforto aos alunos que usam tipoia, órteses e/ou próteses. Pode-se ainda remover carteiras e outros móveis desnecessários para a passagem de cadeira de rodas e também para locomoção de alunos que fazem uso de muletas, bengalas, andadores.

- Para as atividades em sala, alguns ajustes simples podem auxiliar muito: instalar canaletas de madeira ou PVC cortado ao meio em toda a volta da carteira, para que os lápis não caiam no chão; utilizar engrossadores e adaptadores para escrita, que consiste em aumentar o calibre do lápis enrolando-o com EVA, fita crepe, cadarço ou espuma, de forma a facilitar a capacidade de preensão e permitir a funcionalidade durante a escrita e a aquisição da grafomotricidade.

- Há ainda recursos assistivos que atendem a dificuldades motoras específicas e, por isso, têm maior valor e complexidade: plano inclinado ou prancha inclinada, que funcionam como suporte para livros; prancheta para fixação do papel; vira-páginas mecânico, lápis com apoio, lápis com adaptador aranha-mola, para alunos com quadros de motricidade comprometida; assentos giratórios nas carteiras, para ajudar o movimento de levantar-se e sentar-se; descanso para os pés e extensões adicionais com dobradiças em carteiras, para auxiliar alunos com pouco equilíbrio a manterem-se sentados.
- Para as adequações curriculares, utilizar cadernos e apostilas adaptados pontualmente para cada caso particular; elaborar atividades estruturadas; possibilitar e permitir ao aluno o uso de tecnologias assistivas e recursos tecnológicos, como o computador, visando melhorar seu desempenho escolar.
- Para muitos casos de deficiência física, é necessário o auxílio do cuidador escolar, garantindo assim que o aluno seja estimulado a uma vida independente.
- Escola, igreja, instituições e espaços públicos em geral devem, portanto, capacitar profissionais para lidar com alunos/pessoas com deficiência, a fim de ampliar estratégias pedagógicas, bem como investir na manutenção de tecnologias assistivas, estimulando a autonomia e mediando a inserção social deles.

Conheça mais sobre a deficiência física e como proporcionar o melhor para seu aluno: "O conhecimento é o primeiro passo para a inclusão".

Transtorno do Espectro Autista

O autismo, ou Transtorno do Espectro Autista (TEA), classificado pelo DSM-5 (*Diagnostic and Statistical Manual of Mental Disorders* – Manual Diagnóstico e Estatístico dos Transtornos Mentais – 5ª edição) como um *transtorno do neurodesenvolvimento* (APA, 2014), é considerado pela neurociência como um transtorno neurobiológico, de funcionamento cerebral, em que áreas cerebrais específicas trabalham de forma diferente da esperada para cada região que compõe o chamado "cérebro social", evidenciando respostas inadequadas perante as demandas sociais.

O TEA, de início precoce, possui características marcantes no processo de desenvolvimento global da criança, comprometendo principalmente o desenvolvimento funcional da linguagem – fala e comunicação –, que por sua vez prejudica diretamente a capacidade de interação social (fala + comunicação + interação social = comunicação social/linguagem funcional). Além dessa particularidade, para tal configuração diagnóstica é perceptível a presença marcante de prejuízos no comportamento, com *atividades e interesses restritos, repetitivos e estereotipados*, considerados como elementos pontuais para que o diagnóstico seja de fato apresentado.

Deve-se entender que esse diagnóstico se dá a partir de observações e relatos familiares, ou seja, o diagnóstico é *clínico-observacional*. Estes dois elementos são hoje classificados pelo DSM-5 como a "díade do autismo", e dessa forma devem estar presentes para caracterizar o TEA em qualquer indivíduo, seja em níveis mais leves, seja nos mais severos (APA, 2014).

O TEA é considerado na atualidade um quadro diagnóstico com múltiplas possibilidades, do mais discreto ao mais acentuado, e isso implica diversas formas particulares de manifestações sintomáticas para uma mesma condição diagnóstica. Logo, estamos falamos do "espectro do autismo", uma multivariedade de tipos para uma mesma condição de funcionamento cerebral, em que cada um tem particularidades, diferenças e similaridades.

A manifestação sintomática dos diversos quadros de TEA confunde a família e a muitos profissionais; daí a grande dificuldade para se chegar a um diagnóstico, pois os casos mais leves – TEA nível 1 (que também necessita de apoio) (APA, 2014) – passam às vezes despercebidos, pois seu desenvolvimento global aproxima-se bastante do esperado; logo, podem não ser entendidos como dificuldades sutis que demandam apoio multiprofissional.

Dependendo de cada nível de comprometimento, muitas pessoas com TEA podem apresentar dificuldades distintas, desde déficit na capacidade de comunicação social, de criar laços de relacionamentos sociais representativos, até de aprender conceitos básicos e ter independência nas habilidades ou condutas adaptativas para uma vida funcional e autônoma.

O TEA é uma condição permanente que se manifesta desde tenra idade e persiste por toda a vida, evoluindo para uma condição mais ou menos funcional, dependendo de como essa condição se apresenta em cada sujeito e de quando e como as intervenções foram iniciadas, realizadas e continuadas. Portanto, não falamos em cura, pois até o momento não existe comprovação científica de reversão do quadro sintomático. No entanto, a detecção, o encaminhamento e a intervenção precoces fazem toda a diferença para a garantia de um melhor prognóstico.

As propostas interventivas são inúmeras, porém o que esperamos é que o indivíduo com esse diagnóstico seja pontualmente assistido e tenha uma melhor qualidade de vida em todos os espaços onde estiver inserido, nos contextos familiares, educacionais e sociais. Isso depende de inúmeros fatores, principalmente do envolvimento da família e das ferramentas de intervenção disponíveis nos espaços clínicos e institucionais, públicos ou privados.

Vale destacar alguns pontos que merecem atenção especial e os ajustes necessários a serem aplicados pelo profissional em seu campo de atuação:

- Conhecer o quadro diagnóstico é fundamental para qualquer estratégia a ser pensada, porém essa é só uma informação a mais sobre o aprendente.
- É importante que a família apresente o laudo clínico em todos os espaços de convivência da criança; contudo, cabe aos pais a decisão de compartilhar esse diagnóstico com a equipe escolar.
- Cabe a eles também consentirem na menção do diagnóstico em documentos e indicar quais membros da comunidade escolar terão acesso a ele. A confidencialidade é uma questão ética de direito dos pais e da criança e não pode ser tratada pela escola como uma imposição ou obrigação, pois o que define o trabalho do professor é a sua avaliação pedagógica do aprendente.

- A naturalização de muitos quadros diagnósticos depende da disseminação de informações de ordem geral. Logo, a escola e o professor devem proporcionar à comunidade escolar atividades de conscientização sobre o autismo e quadros afins. Aulas, debates e vídeos são algumas das estratégias úteis para esse fim. Nesse caso também, o diagnóstico do aluno em questão só poderá ser informado para a comunidade escolar com o consentimento dos pais.

- Para o sucesso das intervenções de inclusão aqui descritas, a escola deve incentivar os pais a consentirem o compartilhamento do diagnóstico com todos os profissionais que trabalham diretamente com o aluno na comunidade escolar.

- Antes do início do ano letivo, o professor deve definir os objetivos educacionais a serem alcançados, o tempo e suporte necessários, além de estabelecer critérios objetivos de avaliação.

- Definir e documentar esse processo no Plano de Ensino Individualizado (PEI), Plano Educacional Individualizado (PEI), ou Plano de Desenvolvimento Individual (PDI). É o mesmo documento com termos similares a partir de cada autor.

- Adequar o currículo escolar aos alunos com TEA, a partir do seu estilo cognitivo individual ou de aprendizagem, preocupando-se com a estimulação das funções neuropsicológicas necessárias ao aprendizado eficiente. Isso não significa simples redução de conteúdo, mas a forma como o conteúdo é apresentado: o que é importante trabalhar, como trabalhar e quando trabalhar.

- Garantir o acesso ao currículo escolar para o aluno com TEA, por meio de adaptações de materiais e atividades estruturadas, jogos pedagógicos, uso de imagens, fotos, esquemas, signos visuais como sinalizadores e organizadores de atividades e tarefas, e outros ajustes de grande e pequeno porte.
- Permitir o acesso e o uso de materiais e móveis adaptados, visando à organização sensorial e motora, bem como a adequação postural do aluno com TEA, se necessário.
- Transtorno do Processamento Sensorial (TPS) pode estar presente em até 90% das pessoas com TEA, com casos de hipersenbilidade ou hipossensibilidade, o que pode ser considerado uma situação geradora de desconfortos sensoriais e gatilhos para crises ou quadros de desorganização comportamental.
- Identificar intolerância aos estímulos sensoriais e quais são considerados descontáveis, bem como tempo de tolerância durante aprendizado em sala de aula ou atividades diversas, para assim se buscar a promoção de situações mais funcionais caso a caso.
- Organizar um registro individual de desempenho e comportamento (ação–reflexão–ação), que retrate o desenvolvimento de cada aluno com TEA, com base nos objetivos levantados, que seja sistematizado com fins estatísticos e que levem à reprogramação e avaliação do PEI ou demais planos de atividade.

- Pessoas com TEA frequentemente apresentam exagerado apego a rotinas e/ou objetos (objeto transicional). Dessa forma, o professor deve facilitar a previsibilidade da rotina usando preditores visuais, como agendas ilustradas, calendários e sequência das atividades e quadros de rotinas, indicando o que vai acontecer e em quais momentos, para que o aluno consiga se organizar melhor mentalmente.

- Na medida do grau de funcionalidade do aluno com TEA, assim como de outras deficiências, a escola deve oferecer um professor auxiliar/cuidador escolar/estagiário/profissional de apoio (não importa o nome utilizado), para que possa ajudar em atividades de alimentação, locomoção, higienização e manejo de comportamentos, se o aprendente necessitar ou se ainda não tiver alcançado autonomia. Esse profissional irá acompanhar o aluno em sala de aula e em outras atividades escolares (Brasil, 2015).

- Ofertar ao aluno com TEA a possibilidade de comunicação alternativa mediada em situação escolar, como o método PECS (*Picture Exchange Communication System* ou Sistema de Comunicação pela Troca de Figura) ou similar. Para isso são importantes a avaliação e o suporte fonoaudiológico para acompanhamento e aplicabilidade das PECS e orientações a outros profissionais.

- Complementação didático-metodológica em situação escolar com princípios validados na literatura científica, tais como PECS, ABA (*Applied Behavior Analysis* ou Análise Comportamental Aplicada) e TEACCH (*Treatment and Education of Autistic and Communication Handicapped*

Children ou Tratamento e Educação de Crianças Autistas e com Desvantagens na Comunicação), evitando qualquer ação pautada no senso comum e desprovida de validação (Brasil, 2023).

- Capacitar o professor, bem como os profissionais de áreas diversas, quanto ao conhecimento acerca do TEA, e apresentar situações que favoreçam a condução para o treino de habilidades sociais e o manejo comportamental, a fim de facilitar resoluções em situações de crise, birras ou quadros similares (Brasil, 2012).
- Estimular a parceria pais–escola–atendimento, pois a boa comunicação entre os pais e o professor é de vital importância à inclusão do aluno com TEA, e pode ser viabilizada com algumas medidas e ações continuadas em contextos domiciliares, sociais e clínicos.
- Oportunizar devolutivas e reuniões regulares sobre os objetivos educacionais e comportamentais (manejo de desobediência, birras, comportamentos disruptivos ou crises, confrontos, hiperatividade, estereotipias, rigidez cognitiva e dificuldade de relacionamento com os colegas), pois cada parceiro tem papel importante na continuidade desse processo.
- Utilizar canais de comunicação diária entre o professor e os pais, permitindo troca de informações sobre o comportamento da criança e as ocorrências domésticas (sono, medicação, alimentação, terapias etc.) e escolares (trabalhos, excursões, comemorações e mudanças de rotina etc.).

- Garantir ao aluno com TEA o AEE gratuito, conforme disposto no Capítulo V (Da Educação Especial) do Título V da Lei n. 9.394, de 20 de dezembro de 1996, que estabelece as diretrizes e bases da educação nacional (Brasil, 1996).

Conheça mais sobre o TEA e veja o que identifica em seu aluno: "O conhecimento é o primeiro passo para a inclusão".

Altas Habilidades/Superdotação

Dentre tantos quadros diagnósticos que trazem dificuldades para o processo de ensino e aprendizagem, os quais merecem atenção e suporte dos serviços de educação especial, bem como acolhimento e atitude flexível e acessível por parte do professor para complementar o processo de desenvolvimento global, há também o inverso: o aluno com alto desempenho em determinada área ou até mesmo em várias áreas combinadas, despontando no espaço escolar com alta capacidade para algumas inteligências, mas que muitas vezes se vê desassistido. Sendo assim, por não ter suas necessidades pontualmente atendidas, pode perder o interesse e facilmente abandonar a vida escolar, além de outras questões emocionais que pode desenvolver e que, por vezes, funcionam como barreiras para diversas situações.

Estamos falando do aluno com Altas Habilidades (AH)/Superdotação (SD), que pela própria situação de necessidade de suporte também faz parte do público-alvo da educação especial, do AEE e do movimento maior que chamamos "inclusão".

AH/SD não é um quadro que se possa diagnosticar, não é um transtorno, não é uma deficiência, não é uma síndrome, nem qualquer condição médica, porém precisa ser percebido e identificado desde cedo a partir de testes específicos e padronizados, que devem ser aplicados por profissionais especializados.

AH/SD demanda atenção e suporte pedagógico suplementar, bem como suporte emocional e orientação ao grupo familiar, para não trazer consequências maiores nem prejuízos ao desenvolvimento global da criança. Por isso faz parte da educação especial.

É importante destacar que, quando falamos de inteligências e AH/SD, estamos amparados em Gardner (1995), e suas múltiplas inteligências, e em Renzulli (2014), que faz referência à Teoria dos Três Anéis, de 1976: capacidade acima da média, envolvimento com a tarefa e criatividade, dentro do eixo de suporte e estimulação que tem como parceria a família, os colegas e a escola.

É importante lembrar que existem muitos estudantes com AH/SD sem nenhuma situação associada, mas também há muitos com uma condição de transtorno ou deficiência associada, o que alguns teóricos chamam de "dupla excepcionalidade".

Excepcional, apesar de ser um termo em desuso quando nos referimos a condições médicas diversas, como as deficiências, é ainda utilizado por alguns teóricos quando falamos dessa condição associada aos aprendentes com AH/SD.

Podemos elencar algumas dessas condições particulares, que precisam ser identificadas e devidamente estimuladas, para que não venham a ser barreiras no processo de suplementação desse grupo em particular:

- AH/SD com deficiências sensoriais.
- AH/SD com TEA.
- AH/SD com transtornos emocionais, comportamentos disruptivos ou qualquer outro quadro comportamental.
- AH/SD com TDAH ou TOD.
- AH/SD com transtornos específicos da aprendizagem (dislexia, disgrafia, disortografia e discalculia) ou outras situações similares.

Vamos falar um pouco mais sobre esse grupo de alunos com AH/SD e trataremos logo a seguir de algumas dicas, dentre tantas, que podem auxiliar a permanência exitosa deles no universo escolar.

De acordo com o MEC/SEESP (2008), o aprendente com AH/SD é aquele que demonstra potencial elevado em qualquer uma das seguintes áreas, seja de forma isolada ou combinadas: intelectual, acadêmica, liderança, psicomotricidade e artes, além de apresentar grande criatividade, envolvimento na aprendizagem e na realização de tarefas em áreas de seu interesse (Brasil, 2008).

Reconhecer esse grupo de estudantes é fundamental para que as ferramentas de estimulação os mantenha no espaço escolar de forma a garantir ganhos em seu crescimento. A escola tem papel vital em identificar o aluno que tende a se destacar dos demais em algumas áreas, atividades ou projetos. Para isso, o corpo docente precisa ser capacitado ou incentivado a buscar por formação continuada que o faça compreender que esse grupo de aprendentes não necessita de atividades extras, mas sim de adequações curriculares, especialmente de suplementação e enriquecimento curricular em seus potenciais identificados.

Eles podem ser alvo de discussão entre os professores e familiares para possível aceleração escolar, o que demanda cautela e análise antes de isso acontecer, e de tantos outros ajustes que se façam necessários.

Evidenciam-se carências e certa precariedade em práticas e ações pedagógicas que de fato atendam pontualmente e de forma eficaz as reais necessidades e expectativas desse grupo de aprendentes, seja nos programas especiais, seja nos espaços comuns de ensino. Essa defasagem exige urgentemente a realização de trabalhos mais pontuais e específicos para as modificações e os ajustes curriculares voltados a atender esse aluno nas salas de aulas e, assim, ampliar a oferta de suportes diversos para além dos atendimentos educacionais especializados (Pereira, 2014).

Vale destacar alguns pontos que merecem atenção especial e os ajustes necessários a serem aplicados pelo profissional em seu campo de atuação:

- O professor tem grande contribuição no processo de identificação do aluno com AH/SD e deve buscar orientação para melhor conduzir seu trabalho e garantir parcerias com as famílias e outros serviços fora dos muros da escola. Parcerias intersetoriais são fundamentais.
- Cabe ao professor também identificar capacidades desse aluno e implementar, com seu trabalho pedagógico,

atividades que o despertem para aprendizagens mais enriquecedoras, situações motivadoras e desafiadoras, no sentido de levá-lo a pensar, sentir e agir em determinadas temáticas, situações e contextos, especialmente quanto ao encontro de seu potencial manifesto e percebido pelos docentes.

- É fundamental à escola se adequar ao seu grupo de alunos, produzindo ou adquirindo materiais diferenciados para serem usados por eles.

- Projetos vivenciais, práticas de experimentação, aulas de campo, visitas a museus, espaços culturais e artísticos devem fazer parte das atividades extraclasse pensadas e implementadas pelo professor, a fim de garantir aos alunos com AH/SD, e aos demais, ampliação e vivências de outras possibilidades, a serem orientadas aos pais como proposta de extensão escolar e de enriquecimento cultural dos filhos.

- Valorizar as capacidades e potencialidades desses alunos e, se necessário, orientar a família para buscar suporte em outras situações, quando necessário. Muitos deles podem necessitar de abordagem multiprofissional pontual.

- A legislação deve atender os alunos com AH/SD, permitindo a aplicação de programas de educação especial, currículo escolar flexível e aceleração curricular em algumas situações.

- Incentivar a prática de atividades de suplementação ou de enriquecimento curricular tanto em sala de aula como nos espaços de AEE, como uma das estratégias de ampliação de capacidades, motivação e permanência do aluno com AH/SD no espaço escolar, que pode muitas vezes se tornar pouco interessado.

- Deve-se planejar adequações curriculares que contemplem os níveis de aprendizados de cada aprendente com AH/SD, que em muitas situações se apresentam variados, com alguns muito à frente da turma e/ou outros, mesmo em nível equiparado, com capacidades que fogem do contexto escolar e por vezes precisam ser qualificadas. Trata-se de validar outras inteligências e possibilitar sua ampliação.

- O ambiente de ensino e o currículo precisam ser atrativos e estimulantes, além de atender às necessidades cognitivas, físicas, emocionais e sociais dos alunos. Para isso, é papel do professor/escola tornar o currículo mais compacto e com atividades extracurriculares diversas, que objetivem e proporcionem o enriquecimento do conhecimento, atendendo à velocidade, profundidade e ritmo de aprendizado de cada aprendente, o que gera maior engajamento e aprendizado qualificado sobre determinados temas, ao criar projetos compatíveis com os diversos níveis de habilidade e interesse.

- Flexibilizar o currículo inclui também estabelecer correlação entre o objeto de ensino e situações da vida real, viabilizando situações escolares que fujam dos padrões propostos e que vá ao encontro das múltiplas inteligências manifestas no grupo de alunos, seja em nível avançado ou dentro da média-padrão. É importante, então, estimular o pensamento criativo, crítico e original a partir de atividades e projetos que os levem a produzir e a buscar por resolução de problemas e correlação de conhecimentos.

- Centrar o currículo no interesse dos alunos, engajando-os no processo decisório curricular, o que lhes dá oportunidade de aprender a se responsabilizar pelo próprio aprendizado escolar e pela condução desse processo. Alunos com AH/SD tendem a ser autônomos no gerenciamento de seus saberes.

- Identificar o que é melhor para cada aluno com AH/SD em particular, permitindo que assuma o controle do seu aprendizado por meio da aceleração do seu currículo; porém, antes disso, é necessário observar diversas questões, como maturidade e aspectos psicológicos que podem ainda não estar compatíveis com o nível a seguir.

- Buscar a autonomia e a liberdade dos alunos com AH/SD para explorar e gerenciar saberes, estimulando-os, principalmente, a aprender de forma autônoma e valorizando o conhecimento para a vida pessoal e profissional, muito mais do que apenas para uma avaliação de notas.

- Orientar atividades cooperativas e de mentoria, em que os alunos com AH/SD trabalhem de forma cooperativa e em interação com os demais da turma. Um aluno com maior destaque para algumas áreas pode colaborar com seus colegas, mas o professor não deve deixá-lo acomodar-se, pois precisa de desafios permanentes.

- É fundamental que o professor tenha uma posição ativa e que compartilhe saberes, interesses culturais e científicos com todos os alunos, promovendo debates em sala de aula, vivências e atividades que os levem a explorar temas contemporâneos com pontos de vista controversos. Desse modo, enriquece e expande a visão de mundo deles, estimulando a análise crítica.

- Deve também promover trabalhos pedagógico em grupo com outros docentes e de outras áreas de saberes distintos, considerando a troca de conhecimentos, habilidades e suporte no ensino dos próprios alunos.

- Cabe a ele, ainda, encorajar os alunos a participar de atividades extracurriculares que envolvam habilidades acadêmicas, como olimpíadas de matemática, de língua portuguesa, concursos de literatura e redação, feiras de ciências, apresentação de projetos etc. É preciso, porém, ficar atento para não alimentar a competitividade e o ego dos alunos, principalmente aqueles com diagnóstico de AH/SD, que tendem a ser competitivos por natureza e, muitas vezes, criam muitas expectativas e autocobranças.

- Estimular alunos com AH/SD não se deve confundir com superestimulação, nem validação positiva gerar envaidecimento ou sentimento de superioridade sobre os demais alunos do grupo, pois excesso de vaidade e comportamento narcisista pode ser uma preocupação de muitos familiares de alunos com AH/SD.

- Cabe ao professor e aos profissionais especialistas orientar os pais de alunos com AH/SD sobre auxílio psicológico e suporte necessário em muitos momentos e situações relacionados às habilidades dos filhos, como melhor entendê-los e estimulá-los, mas também como conduzir alguns comportamentos.

- Do mesmo modo, alunos com AH/SD podem precisar de acompanhamento e suporte emocional. Muitos são depositários de expectativas familiares e cobranças diversas. É fundamental, portanto, atender-lhes as necessidades de aconselhamento e apoiá-los em seu crescimento emocional e em suas capacidades.

- É crescente o número de alunos com AH/SD com dificuldades de interação social e desajuste psicossocial, às vezes como consequência da falta de assistência profissional. Em razão disso, acabam sofrendo *bullying* e apresentando comportamentos disfuncionais, como isolamento social, depressão, ansiedade, raiva, tédio, perfeccionismo, frustração, estresse e evasão escolar. Sendo assim, o professor responsável deve estar atento a tais situações e proporcionar-lhes oportunidades de engajamento com os demais alunos.

- É essencial lembrar que alunos com AH/SD não sabem de tudo e não precisam ser bons em tudo, portanto, não se sobressaem em todas as áreas. Eles podem estar à frente dos outros alunos em algumas situações e atrás em outras. O professor deve identificar os pontos fortes e fracos dos alunos de sua classe.

- A tecnologia deve funcionar como ferramenta aliada, permitindo maior acesso a conhecimento, recursos, aprendizagem a distância, interação social com outros indivíduos e troca de experiências de aprendizagem, tudo na medida funcional. Nesse sentido, a escola deve facilitar o acesso dos alunos a computadores e à internet, a fim de completarem atividades alternativas e projetos independentes, o que ajuda o aprendizado e o domínio do conteúdo não dado em aulas regulares.

A escola deve ser o lugar em que todos os alunos encontrem as oportunidades necessárias para descobrir, desenvolver e demonstrar as próprias potencialidades de aprendizagem e interação social, tornando-se atrativa para voltarem a ela todos os dias.

Conheça mais sobre AH/SD e identifique as características de seu aluno: "O conhecimento é o primeiro passo para a inclusão".

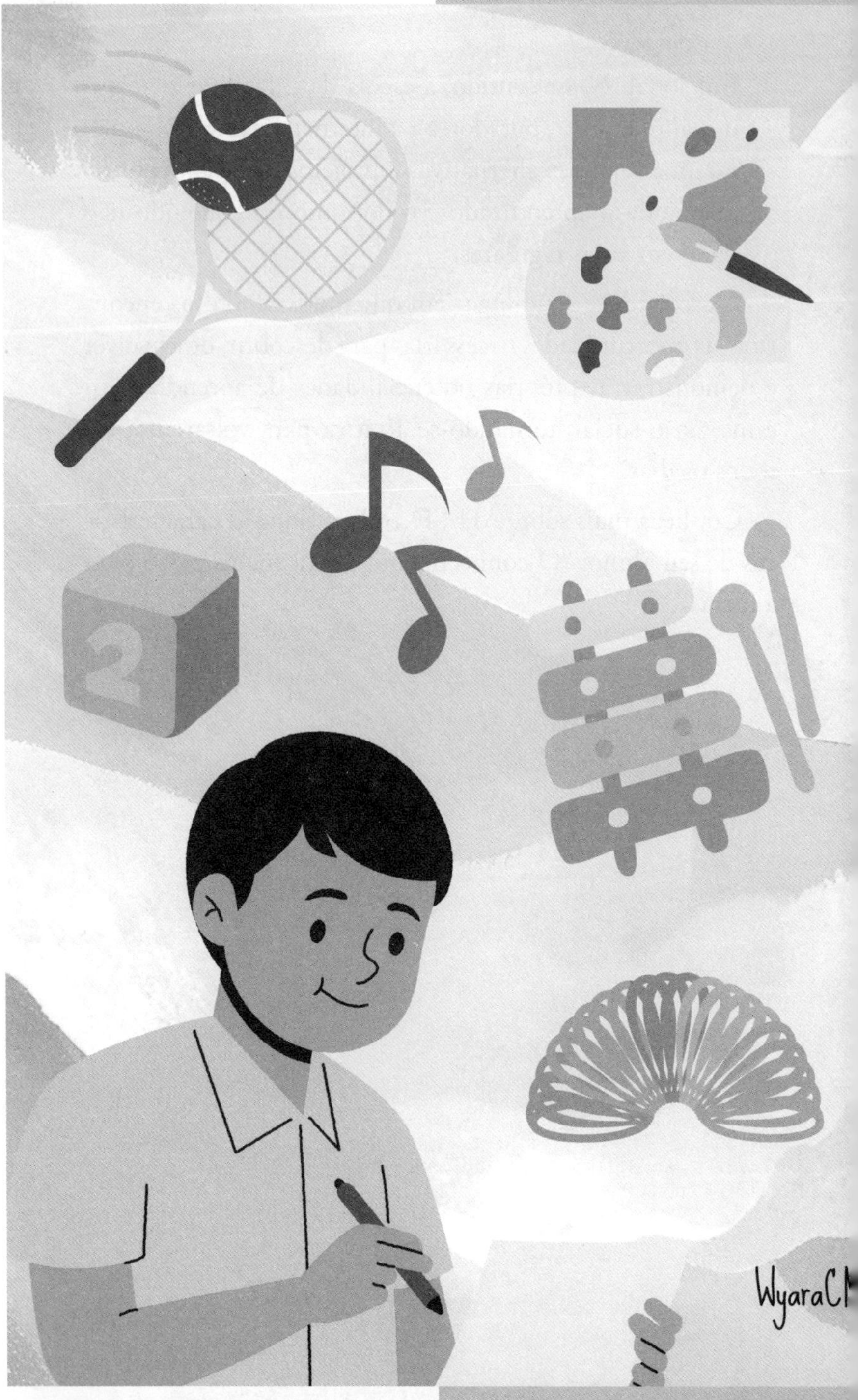

Capítulo 7

Dicas práticas e orientações gerais Parte 2

> "Um dos maiores danos que se pode causar a uma criança é levá-la a perder a confiança na própria capacidade de pensar."
> (Emília Beatriz Maria Ferreiro Schavi)

O maior objetivo da Política Nacional de Educação Especial na Perspectiva da Educação Inclusiva (Brasil, 2008) é garantir a permanência dos alunos da educação especial no espaço escolar de forma exitosa, com direito a ferramentas acessíveis que promovam processos funcionais de ensino e aprendizagem, levando em conta como cada aprendente pode responder a esses processos escolares.

Vale destacar, como já mencionado anteriormente, que, quando se fala em inclusão, não se pode fazer distinção entre os aprendentes e nós, já que todos somos sujeitos de inclusão. Logo, quaisquer situações de ajustes e adaptações estendem-se a quem necessitar, pois a garantia dessas adequações depende apenas do olhar do professor e de sua avaliação pedagógica, que apontará quais caminhos precisam ser trilhados para contemplar cada aprendente em particular.

É cada vez mais notória a presença de quadros de alterações comportamentais entre crianças e adolescentes, alguns com manifestações precoces e outros, mais tardias. Trata-se de transtornos escolares de ordem geral, especialmente aqueles que se refletem negativamente na aprendizagem e na socialização, e se apresentam como dificuldades para o aprendente, para os professores e também para seus familiares, que muitas vezes não sabem o que fazer, como conduzir a situação ou onde buscar suporte. Tais transtornos exigem políticas públicas que garantam auxílios pontuais e parcerias intersetoriais para abordagens multiprofissionais.

Por não fazer parte do público-alvo da educação especial, incompreensivelmente, os alunos de inclusão logo ficam desassistidos no sistema escolar e muitos chegam a escola por falta de suporte.

Há dois quadros que merecem atenção especial e que legalmente já deveriam estar recebendo suporte educacional específico dentro dos contextos escolares: Transtorno do Déficit de Atenção com Hiperatividade (TDAH) e os transtornos específicos da aprendizagem (dislexia, disgrafia, disortografia e discalculia) (Brasil, 2021).

Transtorno do Déficit de Atenção com Hiperatividade (TDAH)

De acordo com o DSM 5 (APA, 2014), entendemos o TDAH como uma condição neurobiológica ou um transtorno do neurodesenvolvimento, que se apresenta como sintomatologia desde tenra idade.

Considerado de origem genética, ambiental ou multifatorial, caracteriza-se por descontrole ou agitação motora acentuada que leva a criança a apresentar movimentos bruscos e inadequados (agitação psicomotora), mudanças de humor e instabilidade afetiva, bem como prejuízos atencionais e ações impulsivas, sem prévia análise das consequências (prejuízos de funcionamento executivo) (Braga, 2018). Tal quadro prejudica diretamente suas relações sociais e relacionais, bem como seu processo escolar.

O TDAH, segundo a Associação Americana de Psiquiatria (APA, 2014), assim como todos os transtornos do neurodesenvolvimento, já se manifesta na primeira infância e atinge aproximadamente de 3% a 5% da população durante toda a vida, com estimativa variando de 5 a 8/13% entre os alunos em idade escolar, não importando o grau de inteligência, o nível de escolaridade, a classe socioeconômica ou etnia.

De origem orgânica, biológica ou neurobiológica, pesquisas apontam que os mais propensos a desenvolver esse transtorno são filhos de pais hiperativos (em torno de 50%), irmãos de hiperativos (entre 5% a 7%), gêmeos em que o outro tem TDAH (entre 55% a 92%), e que 50% a 60% desses casos ainda persistem com sintomas acentuados na fase adulta, pois, para essa condição diagnóstica, não há cura (Rotta, 2016).

O TDAH pode se manifestar de diferentes maneiras e em graus de comprometimento diversos em cada indivíduo. Contudo, para fins didáticos, diagnósticos e de análise, há três tipos principais de TDAH, de acordo com a classificação atual do DSM 5 (APA, 2014):

1. TDAH predominantemente desatento.
2. TDAH misto – predominantemente hiperativo e impulsivo.
3. TDAH misto/combinado – desatento, impulsivo e hiperativo.

Vale destacar alguns pontos que merecem atenção especial e os ajustes necessários a serem aplicados pelo profissional em seu campo de atuação:

- Evitar situações que favoreçam a distração, posicionando o aluno com TDAH distante de lugares que provoquem sua desatenção (janela, porta, fundo da sala etc.) ou de colegas inquietos e desatentos.
- Favorecer o sociointeracionismo entre os alunos, promovendo situações de mediação e cooperação que colaborem com a atenção e o aprendizado de todos.
- Na medida do possível, o professor deve posicionar-se próximo desse aluno durante a aula, para perceber melhor sua distração ou perda do foco e dar-lhe assistência individual, com estimulação cognitiva continuada; por exemplo, checando seu entendimento a cada passo da

atividade ou da explicação e usando seu caderno para dar exemplos concretos.

- Usar recursos ou atividades visuais, muito úteis nesses casos; por exemplo, fixar próximo a esse aluno um quadro bem visível com as rotinas e os comportamentos desejáveis em sala de aula, relembrando regras e estabelecendo contratos de trabalho.

- Fornecer orientações para organizar atividades que estimulem melhor cada aprendente. Somente o material necessário deverá ficar em cima da mesa do aluno durante a aula ou atividade, para evitar confusões e perda de foco.

- No caso de crianças pequenas, guardar seu material e fornecer somente o necessário para cada momento. Um estímulo por vez. Isso também se aplica a outros espaços de trabalho para esse grupo de aprendentes.

- Ao explicar e sensibilizar os outros alunos sobre a situação desse colega, o professor terá muitos colaboradores; fazer então um cronograma funcional em que cada um participe dessa colaboração/mediação especial. Isso é importante para a formação de todos os aprendentes.

- O aluno colaborador/mediador pode ser de grande valia na inclusão de alunos com TDAH que necessitem de suportes frequentes nas atividades, especialmente as que demandem regras, pontualidade e esforço mental produtivo.

- A atuação do colaborador/mediador deve ser elaborada pelo professor tendo em vista as necessidades do aluno a ser incluído, suas habilidades, dificuldades e grau de autonomia. Mas é sempre importante permitir que o aluno com TDAH seja independente, e essas ajudas devem ir diminuindo conforme sua evolução.

- Entre as inúmeras e possíveis ações do aluno colaborador/mediador, destacam-se: checar as tarefas de casa e as anotações de sala de aula desse seu colega, para evitar esquecimentos e atrasos; auxiliar em sua motivação escolar, interação e inclusão no grupo social, com estimulação de sua participação em atividades livres e esportivas; aprimorar-lhe as funções executivas (manter a atenção eliminando os distratores, objetivar o que se deseja alcançar, planejar, executar e estabelecer metas a serem cumpridas, organizar, iniciar, focar, perseverar, automonitorar ou manter controle inibitório, flexibilizar situações identificando caminhos e possibilidades diferentes, regular e operacionalizar) e metacognitivas (estratégias de aprendizagem, ouvir, anotar, ler, compreender antes de realizar ou responder, redigir e pesquisar, rever, relembrar, buscar estratégias funcionais).
- O professor deve facilitar o desenvolvimento do aprendente, tornando o processo de aprendizagem mais concreto e visual possível, com instruções curtas e objetivas, e de acordo com a possibilidade de entendimento de cada um.
- O uso de recursos materiais e lúdicos precisa fazer parte das aulas, das atividades, da catequese, por sua facilidade e por fazer parte do universo de todos nós.
- O professor deve fornecer instruções de maneira pontual, direta e clara, ampliando-as gradativamente para outras mais complexas; e as atividades e avaliações devem ser

explicadas de forma segmentada, passo a passo, evitando-se longas apresentações que levem ao abandono ou desistência, e com apresentação multissensorial, contemplando diferentes estilos de aprendizagem (visual, auditiva, sinestésica, mista ou combinada).

- Um ledor ou atividades orais é um direito de todo aluno com dificuldades para fixar o conteúdo pelo aprendizado visual. Portanto, quando achar necessário, o professor pode ler as perguntas para o aluno, aplicar avaliação oral ao invés de escrita, ou em casa ao invés de na escola, a fim de que ele compreenda melhor e responda funcionalmente a algumas atividades e avaliações. Outro recurso positivo é incentivá-lo a gravar as aulas para recordá-las em casa, quantas vezes precisar, conversar com ele sobre determinado conteúdo e observar como responde a isso oralmente.

- Recursos para estimulação visual funcionam muito bem para chamadas de atenção e retenção da informação. Quando possível, utilizar cores vivas nos diferentes recursos visuais.

- Assegurar-se de que o aluno escutou e entendeu as explicações e instruções antes de seguir para a próxima atividade, o que evita erros por desatenção e impulsividade.

- Evitar o excesso de informações no quadro ou em flanelógrafos, mantendo apenas as necessárias ao tema e àquele momento pontual.

- Resgatar a memória de longo prazo, estimulando a evocação de informações guardadas. Antes de iniciar um novo conteúdo, reservar alguns minutos para recordar o que foi trabalhado anteriormente. Dessa forma, criam-se elos entre os assuntos, favorecendo a atenção e a fixação das informações na memória, bem como promovendo a compreensão das pautas do momento.

- Utilizar recursos que minimizem os distratores desse aluno. No livro, na apostila, no caderno ou em provas, os exercícios que não estejam sendo feitos no momento devem ser cobertos por uma folha, para que ele se ocupe de um de cada vez e não se perca na atividade pelo excesso de estímulos. A atenção seletiva é comprometida em pessoas com TDAH. A mesma estratégia pode funcionar para a leitura, usando-se réguas vazadas que evidenciam somente uma linha para leitura.

- Orientar o aprendente a ler a pergunta inteira, a pensar, a analisá-la e só depois respondê-la. Isso evita comportamentos impulsivos e precipitados, e minimiza os erros.

- Não cobrar nada além do que esse aprendente consegue responder no momento. As atividades promovidas em sala de aula e as tarefas de casa devem ir ao encontro da forma como cada aluno responde aos estímulos.

- Evitar formação de grupos de trabalho que tenham número maior do que três alunos, o que pode gerar desordem e perda do foco de *todos* os alunos.

- Valorizar o aluno com TDAH, permitindo que ele também seja ajudante de sala; orientá-lo para as tarefas e estabelecer responsabilidades que precise cumprir. Essa providência pode ser muito útil para melhorar a atenção, a autoestima, o controle inibitório e a inibição comportamental, bem como o sentimento de pertencimento.

- Evitar multitarefas para alunos com TDAH e quadros similares, pois eles têm dificuldade em executar várias atividades ao mesmo tempo e em dividir a atenção entre elas. Portanto, deve receber orientações para executá-las uma por vez, com grau de desafio adequado a suas necessidades (sucesso alcançável e menos frustrações e fracassos) e de acordo com sua evolução, respeitando-se seu tempo e ritmo. Isso se aplica também em casa.
- Simplificar e dividir instruções complexas, tornando-as mais concretas e atreladas a conhecimentos prévios e aprendizagem significativa. Além disso, os conteúdos precisam ser relevantes e conectados à vida diária do aluno.
- Estabelecer um tempo mínimo para esse aluno cumprir tarefas – quanto menor for a atividade e o tempo de execução, mais funcionais e prazerosos serão (isso evita que o aluno abandone a atividade antes mesmo de tentar finalizá-la). Garantir que ele tenha tempo extra para a execução das atividades mais complexas. Esse é um tipo de adequação curricular de tempo que deve ser previamente estabelecido pelo professor no PEI do aluno.
- Segmentar trabalhos de maior duração, permitindo que sejam entregues em várias etapas; a cada conclusão, ofertar uma nova atividade e, conforme a evolução, ampliar-lhe o nível de duração e complexidade.
- Usar com cautela e objetividade as mídias e tecnologias (computador, tablet, calculadora, corretor ortográfico, fones de ouvido etc.), uma vez que, quando bem gerenciadas, são bastante funcionais, principalmente, para a

realização de atividades em sala de aula, na igreja, na catequese e em tarefas de casa.

- Quando houver acesso à internet e for viável para a família, o professor pode enviar anotações e resumos das aulas dadas para o aluno ou seu responsável, bem como lembretes das tarefas de casa.

- Promover o encorajamento verbal e a motivação pessoal dos alunos, com frases do tipo: "Você consegue fazer isso!"; "Acredito em você"; "Você pode". Trata-se de um estímulo para novas tentativas e conquistas, com reconhecimento e valorização de aspectos qualitativos ao invés de quantitativos, como esforço, cumprimento de tarefas, pontualidade, frequência e participação. No caso do aluno com TDAH, o professor deve priorizar seu progresso individual tendo por base um PEI.

- Usar como base pequenas atividades como ferramentas avaliativas. Recomenda-se que, em vez de poucas avaliações que abarcam muito conteúdo, sejam realizadas mais avaliações com menos conteúdo (segmentação).

- Atividades e avaliações do aluno com TDAH devem ser feitas com toda a turma, mas, se for necessário e mais funcional, o professor deve permitir que ele as faça em lugar com menos alunos e menos estímulos que comprometam sua atenção. É sempre importante ouvir-lhe a opinião sobre como se sente melhor.

- Propor atividades e avaliações com um tempo mínimo (evitando que o aluno as abandone antes de finalizá-las), e estabelecer tempo extra quando for necessário. Não existem regras, apenas observação e atitudes.

- Estabelecer previamente a consulta de livros e outros recursos durante a realização de atividades. Isso pode auxiliar em muitos momentos.

- Nunca avaliar um aluno por sua caligrafia, muito menos os com TDAH, que podem apresentar como comorbidade específica a disgrafia – dificuldade na organização espacial das letras, das palavras e até da leitura.

- Pensando na ampliação da capacidade cognitiva e na melhoria da organização do aluno com TDAH, o professor deve permitir que ele leve para casa o material didático utilizado na escola.

- Estabelecer estratégias como agendas e lembretes para ajudar os alunos a se organizarem e prevenir possíveis prejuízos em atividades gerais. O professor deve orientar o aluno com TDAH a anotar os deveres e recados, bem como certificar-se disso. A mesma orientação deve ser partilhada com a família e também em outros espaços de formação.

- Tornar habitual devolutivas e um canal de comunicação com a família, para ajustar estratégias e adequações com a demanda necessária (diária, semanal ou mensal).

- Não existe evolução que se limite aos muros da escola, aos espaços de atendimento, de formação, como catequeses ou cursos. Em casa, os pais devem promover rotinas e acompanhamentos para estimulação continuada, a fim de auxiliar o professor no desenvolvimento das habilidades de organização da criança. É uma parceria primordial.

- Dar um retorno positivo ou negativo sobre o desempenho do aluno diretamente a ele, que deve ser sempre informado sobre seu comportamento para desenvolver a própria capacidade de automonitoramento e controle inibitório. Jamais sobrecarregá-lo, porém, com cobranças ou críticas somente negativas, comparações de desempenho ou exposição diante dos demais.
- Manejo comportamental é importante em situações pontuais. O professor deve ajudar a criança com TDAH nos momentos mais críticos, como nas mudanças e transições de sala de aula, na hora do intervalo e das refeições.
- É fundamental que a escola também se preocupe com a transição da modalidade de ensino em que há a presença de um só professor para a de outro formato, com vários professores, na qual cada aluno é responsável por encaminhar-se para outra classe. Isso desorganiza qualquer um e especialmente os alunos com quadros de TDAH, TOD, TEA.
- Identificar dentro da escola quem pode ser para esse aluno uma figura de suporte emocional ou profissional de referência e confiança, que lhe ofereça apoio e acolhida em momentos críticos de comportamento e/ou emoções, bem como em suas dificuldades escolares.
- Valorizar outros saberes e capacidades além daqueles que a escola, de forma equivocada, prioriza. Muitas vezes o aluno com TDAH tem talentos e habilidades não

reconhecidos pelo sistema de ensino. Todo aluno deve receber elogios e oportunidades para se desenvolver da melhor maneira possível, pois cada um tem a própria inteligência.

- Permitir que o aluno com TDAH levante-se com mais frequência que os demais colegas de classe, propondo-lhe atividades dentro e fora da sala de aula, pois a inquietação ou a agitação psicomotora faz parte desse quadro diagnóstico, como uma tentativa de autorregulação do sistema do indivíduo.

Conheça mais sobre o TDAH e perceba as características próprias de seu aluno: "O conhecimento é o primeiro passo para a inclusão".

Transtornos específicos da aprendizagem (dislexia, disgrafia, discalculia e disortografia)

De acordo com o DSM 5 (APA, 2014), os transtornos específicos da aprendizagem, como o próprio nome implica, prefiguram uma condição de dificuldades pontuais e específicas que deverá ser diagnosticada diante de déficits específicos na capacidade individual para perceber ou processar informações com eficiência e precisão.

Os transtornos do neurodesenvolvimento manifestam-se durante os primeiros anos de escolaridade formal, caracterizando-se por dificuldades persistentes e prejudiciais nas habilidades básicas acadêmicas de leitura, escrita e/ou matemática do aluno, bem como seu desempenho acadêmico individual mostra-se bastante abaixo da média para a idade, ou níveis de desempenho aceitáveis são atingidos somente com esforço extraordinário.

Os transtornos específicos da aprendizagem podem ocorrer em pessoas com altas habilidades intelectuais e manifestar-se apenas quando as demandas de aprendizagem ou procedimentos de avaliação (por exemplo, testes cronometrados) impõem barreiras que não podem ser vencidas pela inteligência inata ou por estratégias compensatórias.

Para todas as pessoas, os transtornos específicos da aprendizagem podem acarretar prejuízos duradouros em atividades que dependam das habilidades acadêmicas, inclusive no desempenho profissional. Dessa forma, cabe a cada profissional buscar o entendimento sobre essa condição e ferramentas acessíveis que qualifiquem a vida desses sujeitos.

Para o DSM 5 (APA, 2014), é importante observar alguns critérios para maior precisão no fechamento do diagnóstico:

a) Dificuldades na aprendizagem e no uso de habilidades acadêmicas, conforme indicado pela presença de, ao menos, um dos sintomas a seguir, que tenha persistido por pelo menos seis meses, apesar da provisão de intervenções dirigidas a essas dificuldades:

1. *Leitura de palavras de forma imprecisa ou lenta e com esforço* (por exemplo, lê palavras isoladas em voz alta, de forma incorreta ou lenta e hesitante, frequentemente adivinha palavras, tem dificuldade de soletrá-las).

2. *Dificuldade para compreender o sentido do que é lido* (por exemplo, pode ler o texto com precisão, mas não

compreende a sequência, as relações, as inferências ou os sentidos mais profundos do que é lido).

3. *Dificuldades para escrever ortograficamente* (por exemplo, pode adicionar, omitir ou substituir vogais e consoantes).

4. *Dificuldades com a expressão escrita* (por exemplo, comete múltiplos erros de gramática ou pontuação nas frases; emprega organização inadequada de parágrafos; expressão escrita das ideias sem clareza).

5. *Dificuldades para dominar o senso numérico, fatos numéricos ou cálculo* (por exemplo, entende números, sua magnitude e relações de forma insatisfatória; conta com os dedos para adicionar números de um dígito em vez de lembrar o fato aritmético, como fazem os outros colegas; perde-se no meio de cálculos aritméticos e pode trocar as operações).

6. *Dificuldades no raciocínio* (por exemplo, tem grave dificuldade em aplicar conceitos, fatos ou operações matemáticas para solucionar problemas quantitativos).

b) As habilidades acadêmicas afetadas estão substancial e quantitativamente abaixo do esperado para a idade cronológica do indivíduo, causando-lhe interferência significativa no desempenho acadêmico ou profissional ou nas atividades cotidianas, confirmada por meio de medidas de desempenho padronizadas, administradas individualmente e por avaliação clínica abrangente. Para indivíduos com dezessete anos ou mais, histórico documentado das dificuldades de aprendizagem com prejuízo pode ser substituído por uma avaliação padronizada.

c) As dificuldades de aprendizagem iniciam-se durante os anos escolares, mas podem não se manifestar completamente até que as exigências pelas habilidades acadêmicas afetadas excedam as capacidades limitadas do indivíduo (por exemplo, em testes cronometrados, em leitura ou escrita de textos complexos longos e com prazo curto, em alta sobrecarga de exigências acadêmicas).

d) As dificuldades de aprendizagem não podem ser explicadas por deficiências intelectuais, acuidade visual ou auditiva não corrigida, por outros transtornos mentais ou neurológicos, adversidade psicossocial, falta de proficiência na língua de instrução acadêmica ou instrução educacional inadequada.

Os quatro critérios diagnósticos devem ser preenchidos com base em uma síntese clínica da história do indivíduo (do desenvolvimento, médica, familiar, educacional), em relatórios escolares e em avaliação psicopedagógica. Especificar todos os domínios e sub-habilidades acadêmicas prejudicados.

Quando mais de um domínio estiver prejudicado, cada um deve ser codificado individualmente, conforme os especificadores a seguir:

1. *Com prejuízo na leitura:* grau de precisão na leitura de palavras, velocidade ou fluência da leitura, compreensão da leitura.

   Dislexia é o termo alternativo usado em referência a um padrão de dificuldades de aprendizagem caracterizado por problemas no reconhecimento preciso ou fluente de palavras, problemas de decodificação e dificuldades de ortografia. Se o termo "dislexia" for usado para especificar esse padrão particular de dificuldades, é importante também especificar quaisquer dificuldades adicionais que estejam presentes, tais como dificuldades na compreensão da leitura ou no raciocínio matemático.

2. *Com prejuízo na expressão escrita:* grau de precisão na ortografia, precisão na gramática e na pontuação, clareza ou organização da expressão escrita.

3. *Com prejuízo na matemática:* grau de senso numérico, memorização de fatos aritméticos, precisão ou fluência de cálculo, precisão no raciocínio matemático.

Discalculia é o termo alternativo usado em referência a um padrão de dificuldades caracterizado por problemas no processamento de informações numéricas, aprendizagem de fatos aritméticos e realização de cálculos precisos ou fluentes. Se o termo for usado para especificar esse padrão particular de dificuldades matemáticas, é importante também especificar quaisquer dificuldades adicionais que estejam presentes, tais como dificuldades no raciocínio matemático ou na precisão na leitura de palavras.

Vale destacar alguns pontos que merecem atenção especial e os ajustes necessários a cada profissional em seu campo de atuação:

- A escola regular ainda não entendeu a dimensão que os transtornos específicos da aprendizagem podem ter para o desempenho acadêmico e emocional de um aluno.

- A escola e o professor devem proporcionar à comunidade escolar atividades de estudos e conscientização sobre dislexia, disgrafia, disortografia e discalculia. Aulas, debates e vídeos são algumas das estratégias úteis para ampliar os conhecimentos a respeito do assunto, além de formação continuada.

- A escola precisa assegurar bons canais de comunicação com os profissionais que atendem o aluno para além dos muros da escola, a fim de entender algumas estratégias e definir os comprometimentos presentes no seu aluno, como e quais são as melhores medidas de suporte escolar que se aplicam ao caso. Isso permitirá estimular em sala de aula aspectos trabalhados na clínica, tornando o processo interventivo integrado e muito mais eficaz.

- Condutas pontuais e observação podem ajudar o professor no melhor manejo em sala de aula. Ele deve colocar o aluno para sentar-se próximo a sua mesa e ao quadro, já que esse frequentemente acaba se distraindo com facilidade em decorrência de suas dificuldades e/ou desinteresse. Essa medida tende a favorecer também o diálogo, a orientação e o acompanhamento pontual das atividades, além de fortalecer o vínculo afetivo entre eles. Isso funciona como motivação para o aluno.

- Compensação, plasticidade ou neuroplasticidade se dá pelas ofertas de estímulos em situações diversas. Logo, o professor deve prover estimulação de competências metalinguísticas (consciência fonológica, consciência sintática, consciência morfológica e consciência metatextual) em crianças com atraso na aquisição e no desenvolvimento da linguagem oral, com risco para dislexia, desde a educação infantil até modalidades mais avançadas do ensino, para desenvolver habilidades necessárias ao adequado aprendizado da leitura e da escrita ao longo do seu percurso acadêmico.

- Quanto à apresentação das informações nas aulas, o professor deve usar linguagem pontual, direta e objetiva, evitando colocações simbólicas, com duplo sentido, sofisticadas ou metafóricas. E nas atividades e avaliações organizá-las a partir de orientações curtas e espaçadas, pois alunos com transtornos específicos da aprendizagem frequentemente têm dificuldade para reter informações longas, o que prejudica a compreensão das tarefas.

- O aluno com transtornos específicos da aprendizagem tende a lidar melhor com as partes do que com o todo, o que pode se dar em função de prejuízos no processo de categorização/funções executivas; portanto, ele deve ser auxiliado na dedução dos conceitos, partindo sempre de situações simples para mais complexas.

- Muitos aprendentes, em função de alguns prejuízos cognitivos, podem ter como predomínio o estilo de aprendizagem mais visual. Nesse sentido, o professor pode utilizar-se de elementos visuais para melhor condução das informações trabalhadas (figuras, desenhos, fotos, mapas, letras, figuras, alfabeto silábico, gráficos, vídeos etc.) e elementos sensoriais táteis (alfabeto móvel, alfabeto silábico, areia divertida, massinha e outros), para que as informações sejam absorvidas por outras vias sensoriais. Dessa forma, principalmente no período de alfabetização, o aluno pode compreender melhor a relação letra/som.

- As aulas devem ser *mistas*, com momentos de vivências e práticas de acordo com cada idade, e *segmentadas*, com intervalos para exposição, discussão, síntese e uso de jogos pedagógicos, sempre fazendo uso de recursos que sejam atrativos para o grupo.

- O professor deve estar atento para identificar se o aluno está entendendo a explicação, se suas anotações estão corretas e dentro do objetivo das tarefas.

- Dar tempo suficiente para o aluno anotar as informações do quadro antes de apagá-las; se ele demorar mais que o esperado, trazer algumas atividades já prontas, para favorecer a execução dentro do tempo da turma.

- Consciência fonológica deve sempre ser pauta de estimulação, especialmente nos anos iniciais ou para alunos com dificuldades. Portanto, cabe aos professores de educação infantil desenvolver estratégias para estimulação de habilidades fonológicas (rima e aliteração) e auditivas (discriminação para os sons fortes de sons fracos, altos e baixos, longos e curtos). Esse trabalho também é estimulado nos espaços de atendimento psicopedagógico, neuropsicopedagógico, fonoaudiológico e no AEE.

- Promover a contação de histórias, o envolvimento dos alunos no processo de criação das histórias e o respeito à forma como cada um pode contribuir nesse processo.

Dessa forma, devem ser estimuladas as recontagens de histórias, a fim de promover a organização temporal e sequência lógica dos fatos, coerência e coesão, interpretação e capacidade de planejamento mental da criança (estimulação das funções executivas).

- As atividades devem ser sistematizadas, organizadas em graus de complexidade, conforme a escolaridade, idade, nível de desenvolvimento, dificuldades e capacidades, partindo das mais simples, fáceis e lúdicas para as mais complexas, nem sempre atrativas, mas necessárias.
- As atividades estruturadas podem funcionar como uma forma de intervenção preventiva para todos os alunos, beneficiando, sobretudo, aqueles com sinais de risco para os transtornos específicos da aprendizagem e outras dificuldades.
- Permitir o uso de recursos auxiliares – como tabuadas, material dourado e ábaco, nas séries iniciais, e fórmulas e calculadora nas séries mais avançadas – não significa facilitar ou privilegiar o aluno, mas sim agregar elementos que melhoram a condição de aprendizagem, permitindo ao aluno ter sucesso nas dificuldades. Esses suportes, que beneficiam a todos os alunos, conforme a evolução deles, podem ser diminuídos e até retirados.
- Incentivar a prática de aprendizados complementares, como atividades culturais, recreativas e de entretenimento, como livros, quadrinhos, filmes, documentários, peças de teatro, visita a museus e, sobretudo, recursos digitais. A família é parte importante nesse processo.

- Descobrir interesses dos aprendentes com transtornos específicos da aprendizagem e, a partir disso, indicar conteúdos para que o aprendizado seja ressignificado.

- Priorizar o progresso individual dos aprendentes com transtornos específicos da aprendizagem, tendo como base, para verificação de atividades e avaliações, o PEI e os aspectos qualitativos ao invés de quantitativos.

- Realizar avaliações mais frequentes com menos conteúdo e que possam ser executadas em menor tempo, ao invés de poucas avaliações em que se cobra muito conteúdo.

- Dependendo de cada caso e conforme acordado antecipadamente, as avaliações podem ser realizadas junto à turma toda ou separadamente, de modo a ajustar muitos pontos importantes. As avaliações aplicadas separadamente podem facilitar para o aluno cuja leitura em voz alta auxilia a compreensão, o que também pode ser feito com auxílio do ledor. No entanto, cabe lembrar que, em alguns casos, principalmente em se tratando de adolescentes, essa providência pode criar exposição e estigmas. Fique atento, consulte o aprendente e permita que ele sinalize o melhor caminho a seguir.

- Quando o processo avaliativo acontecer junto à turma, recomenda-se que seja feita em dois tempos. Em um primeiro momento, antes de iniciar a avaliação, o professor deve ler a prova para todos os alunos e certificar-se de que o aluno com mais dificuldade compreendeu as questões. A partir daí, pode oferecer assistência frequente a ele. Em um segundo momento, separado da turma, se for necessário, o professor deve corrigir a avaliação individualmente com o aluno, permitindo que ele responda oralmente as questões erradas. Mas é fundamental observar a necessidade desse aluno em fazer prova oral ou atividade que utilize diferentes expressões e linguagens. É direito dele!

- Usar com mais frequência, para os alunos com transtornos específicos da aprendizagem, recursos gráficos, informações visuais ou outros sinalizadores que substituam palavras e textos, porque isso auxilia bastante o processo de aprendizagem deles. Por sua vez, avaliações que contenham exclusivamente textos, sobretudo longos, devem ser evitadas.

- Disponibilizar maior tempo para as avaliações, conforme a necessidade do aluno nas habilidades de leitura e escrita ou para atividades que demandem esforço mental produtivo e prolongado.

- Evitar o excesso de palavras nos enunciados de atividades e avaliações, sem necessariamente comprometer o conteúdo trabalhado. Se necessário, o professor também pode evitar conteúdos que ainda estão distantes da compreensão e do aprendizado do aluno.

- Elaborar questões avaliativas com bastante clareza, que incluam somente uma ideia em cada afirmação, e evitar questões de falso-verdadeiro, pois o uso da negativa pode confundir.

- Ponderar durante correções ortográficas na produção da criança ou adolescente com algum transtorno específico da aprendizagem. Por exemplo, pessoas com disortografia tendem a cometer erros sucessivos e necessitam de suporte psicopedagógico ou neuropsicopedagógico. Se for o caso, orientar a família para que encaminhe o aluno a esse tipo de atendimento completar.

- É fundamental que o professor ou a unidade escolar estabeleça parcerias intersetoriais, que auxiliam no processo de encaminhamento para outros serviços que ajudem a esse grupo de aprendentes.
- Evitar condutas que exponham o aluno ou que o coloquem na condição de fracasso ou insucesso. Evite anotações na folha da prova, principalmente de caneta vermelha e que façam referência a um juízo de valor.
- Orientar sobre noções de espaço, direcionalidade e lateralidade pode ser importante em muitos momentos. O aluno com dislexia tem dificuldade em reconhecer e orientar-se no espaço visual (APA, 2014). Dessa forma, observar as direções da escrita (da esquerda para a direita e de cima para baixo) em todo o corpo da atividade ou avaliação.
- Validação positiva pode gerar maior envolvimento do aluno com as atividades propostas e fazer com que ele se esforce mais. O professor deve tratar o aluno disléxico ou com qualquer outra dificuldade sempre com muita naturalidade, com incentivo, valorizando seus acertos e pequenas conquistas, e estimulando sua perseverança e autoestima.

- Evitar comentários ou exposição do aluno perante o grupo, cuidando para não colocá-lo em evidência diante dos colegas em virtude de suas dificuldades, sobretudo nas atividades de ler ou escrever em público. Se isso acontecer, ele pode perder o interesse pela escola, pelas aulas, levando-o à evasão escolar.

- Promover a inclusão de todos, atentando para determinadas situações de exclusão e práticas de *bullying*, tendo o cuidado de que todo aprendente se integre na comunidade escolar e não permitindo que sua inaptidão para determinadas atividades escolares possa levar seus colegas a rejeitá-lo.

- O aluno com dislexia tem dificuldades para automatizar o código linguístico da própria língua, e isso se acentua ainda mais em relação a línguas estrangeiras. Portanto, a adequação curricular de conteúdo, com flexibilização ou eventual dispensa de disciplina, deve ser discutida com o aluno e seus pais, para evitar prejuízos em sua autoestima e evolução escolar.

Não há receita pronta nem estratégias ideais para trabalhar adequações curriculares com o aluno, porém o professor deve ter em mente que o planejamento precisa e deve ser individualizado.

O PEI é o percurso definido pelo professor para melhor trabalhar com seu aprendente. É uma necessidade e acima de tudo é um direito, pois cada aprendente terá necessidades distintas que irão demandar adequações atitudinais e ferramentas acessíveis.

É de suma importância nesse processo trabalhar e compartilhar com a criança ou com o adolescente a forma como serão conduzidas as suas atividades e avaliações, bem como todas as práticas escolares. Isso o tornará mais confiante, motivado e seguro em sala de aula, melhorando seu desempenho e sua relação com os colegas.

Outra condição de dificuldade na capacidade de elaboração mental para estratégias de raciocínio lógico matemático, bem como para realização de cálculos e operações matemáticas em geral, é a *discalculia*, condição de transtorno do neurodesenvolvimento, configurada pela apresentação dos subtipos de transtornos específicos da aprendizagem (APA, 2014).

Seguem algumas dicas para o processo de adequação curricular:

- É competência escolar buscar orientação e formação de professores/profissionais para o melhor entendimento das dificuldades apresentadas por seus alunos.

- É importante manter comunicação permanente entre a escola e os profissionais que atendem o aluno, para definir o tipo de dificuldade que ele apresenta e as melhores medidas de suporte escolar que se apliquem a seu caso. Isso permite melhores escolhas em sala de aula e em outros aspectos clínicos, tornando o processo interventivo integrado e muito mais eficaz, de forma continuada.

- Definir o local e a posição mais funcional ao desempenho acadêmico do aluno. O professor deve, em comum acordo como o aprendente, sentá-lo próximo a sua mesa e ao quadro, já que frequentemente se distrai, em decorrência de suas dificuldades e/ou desinteresses (prejuízos nas funções executivas que se refletem em múltiplas situações e contextos). Essa medida tende ainda a estreitar o vínculo afetivo entre ambos, favorecendo o diálogo, a condução e a orientação das atividades, bem como um maior e melhor acompanhamento por parte do docente.

- Avaliar pontualmente quais dificuldades são mais recorrentes nesse aprendente, de forma a nortear sua prática docente.
- Identificar e eliminar situações que promovam ansiedade em classe, permitindo tempo extra para realização de tarefas e avaliações, evitando exercícios de fluência, tarefas longas e complexas, dentre outras medidas percebidas como dificuldades, caso a caso.
- Falar sempre em voz alta e com timbre de voz adequado, para facilitar a organização, a percepção e a compreensão das atividades, bem como para melhorar a mediação e condução de situações.
- Desmistificar as dificuldades impostas no ensino da matemática; essa talvez seja a tarefa mais importante para esses aprendentes. Brincar ou vivenciar práticas em situações básicas, com auxílio dos recursos materiais para o ensino da matemática, pode funcionar muito melhor do que a aula ou atividade formal e tradicional, que muitas vezes não traz significado para o aluno e pode ser cansativa e desinteressante.
- Permitir o uso de recursos assistivos para resolução de problemas, como calculadoras, tabuadas etc., e, à medida

que o rendimento do aprendente for evoluindo, pode ir sendo diminuído, até sua retirada.

- Treinar habilidades prévias são muito importantes. Reforçar a estimulação de alguns padrões de habilidades básicas, organizando objetos por tamanho e formas, de acordo com a modalidade de ensino e a idade.
- Valorizar a forma como o aluno chega à resolução de uma situação-problema. Estimular o aluno a explicar sua estratégia durante a resolução do problema, para expandir suas opções de resolução.
- Estimular atividades de interpretação conjuntamente com a matemática. Ao incentivar o aluno a escrever uma sentença matemática a partir de uma sentença verbal, o professor pode identificar outras dificuldades ou encontrar alternativas para seu processo de condução das propostas.
- Estimular a percepção do aluno em múltiplas situações e momentos, desde uma atividade mais visual até uma mais abstrata. Elaborar atividades que contenham respostas incorretas para os problemas, auxiliando o aluno a discriminar a correta da incorreta.
- Incentivar uma aprendizagem significativa e contextualizada, agregando dinheiro aos contextos matemáticos, bem como estratégias de medida para adicionar relevância.

A *disgrafia* é outro subtipo de transtornos específicos da aprendizagem, que se refere a uma dificuldade no processo de escrita quanto aos espaços e a separação de letras e palavras, ocasionando junção ou aproximação excessiva de letras, palavras, e desorganização espacial geral, o que dificulta o entendimento daquilo que o próprio sujeito escreveu, bem como das demais pessoas (APA, 2014).

Algumas estratégias e dicas práticas podem ajudar os professores e profissionais a lidar de forma direta com esse grupo de aprendentes, nos mais variados espaços:

- É comum identificar-lhes as dificuldades pela letra, que, em geral, é ilegível, e por seu texto, especialmente quando é complexo.
- A continuidade dessas dificuldades pode ir se acentuando cada vez mais; daí a necessidade de suporte psicopedagógico ou neuropsicopedagógico para estimulação cognitiva e superação das barreiras ao processo de ensino e aprendizagem.
- Como ação preventiva, tais dificuldades devem ser percebidas para estimular o aprendizado da grafia (estimulação pontual para o desenvolvimento funcional da grafomotricidade), bem como o processo de desenvolvimento para a produção das letras.
- Estimulação das habilidades prévias para o processo de leitura e escrita – alfabetização e letramento são fundamentais desde cedo nos contextos escolares, bem como nos espaços de atendimento clínico e institucional.
- A coordenação motora fina, a coordenação óculo-manual e a prontidão para equilíbrio dinâmico e estático, bem como a memória sinestésica para a execução funcional do traçado para a produção de letras (memorização dos

diferentes movimentos necessários para o traçado gráfico das letras), são habilidades complexas, e hábitos incorretos criados na fase de aprendizagem são muito difíceis de modificar. Portanto, a estimulação dessas habilidades deve ser constante nos múltiplos espaços onde a criança esteja e seja assistida.

- Estimulação e promoção de atividades de partes para chegar-se ao todo. O trabalho deve sempre começar com as letras individualmente e depois com o alfabeto, que precisa ser praticado diariamente, muitas vezes por meses, ampliando os níveis de complexidade conforme a evolução.

- A inclusão e as estratégias escolares para esse grupo de alunos devem priorizar as modificações no ritmo e tempo para cada processo avaliativo, na quantidade de situações avaliativas, na complexidade para cada momento e condições do aprendente, na forma como se elabora cada atividade e nos instrumentos utilizados para avaliação das atividades escritas. Logo, todas as conquistas precisam ser registradas e validadas dentro desse processo.

- O professor/profissional mediador deve garantir ritmo diferenciado para as atividades escritas, preparando-as com antecedência e assegurando tempo extra, adaptações ou flexibilizações. Deve ainda incluir atividades a serem realizadas em casa, como forma de garantir estimulação continuada e maior envolvimento familiar.

- Atividades prontas, de menor complexidade, como textos com lacunas a serem preenchidas, podem ser uma estratégia útil para melhorar o ritmo de alunos com disgrafia, adequando o cumprimento de tempo com os demais da turma.

- Uma quantidade muito grande de atividades escritas deve ser evitada pelo professor, ajustando esse momento para a realização daquelas que possam fornecer as ideias centrais, de modo que o aluno complemente as informações com suas anotações.
- Propor atividades e avaliações orais, bem como aquelas que sejam mais funcionais e adequadas ao aluno, reduzindo a quantidade de exercícios e questões, e priorizando sua participação e a qualidade de suas produções nos mais variados momentos escolares.
- Evitar a cópia do quadro, pois essa é uma atividade particularmente difícil para o aluno com disgrafia. Se necessário, o professor pode se antecipar e já trazer o material impresso.
- Dividir uma atividade demorada e longa em outras mais breves e curtas pode ser de grande auxílio para o aluno com disgrafia e para muitos outros.
- A tecnologia assistiva é sempre uma grande aliada. Portanto, o professor deve ser flexível, permitindo e incentivando o aluno a usar um corretor ortográfico ou qualquer outro recurso facilitador, como até mesmo a ajuda de alguém para revisar-lhe o trabalho.
- Promover a interação entre os alunos e realizar atividades colaborativas entre eles, de modo que cada um possa exercer funções específicas, como elaborar ideias,

organizar informações, redigir, revisar e ilustrar. Cada um pode participar de acordo com suas capacidades.

- Escrever ou ler fazendo uso de um plano inclinado também pode ajudar esse aluno, pois evita perda do foco atencional.
- Não utilizar como critérios de avaliação a caligrafia, a ortografia ou a aparência da redação desse aprendente, mas sim outras ferramentas avaliativas que o beneficiem.
- Acima de tudo, é preciso conhecer seu aprendente, identificar o que pode ser mais ou menos funcional para seu processo de desenvolvimento, consultando-o sobre quais caminhos trilhar para melhor auxiliá-lo. Deixá-lo sinalizar alguns passos e estar aberto a tais ajustes. Atitudes de acolhimento fazem grande diferença.

Conheça mais sobre dislexia, disgrafia, disortografia e discalculia, e descubra como ajudar seu aluno: "O conhecimento é o primeiro passo para a inclusão".

Referências

ASSOCIAÇÃO BRASILEIRA DE DÉFICIT DE ATENÇÃO (ABDA). *Sobre o TDAH*. Disponível em: <http://www.tdah.org.br>. Acesso em: 14 jun. 2023.

ASSOCIAÇÃO BRASILEIRA DE DÉFICIT DE ATENÇÃO (ABDA). *TDAH – Guia para Professores*. Disponível em: <http://www.tdah.org.br/br/textos/textos/item/310-tdah-guia-para-professores.html#sthash.m4QFW376.dpuf>. Acesso em: 20 out. 2023.

BRAGA, Wilson Candido. *Autismo: azul e de todas as cores*. Guia básico para pais e profissionais. São Paulo: Paulinas, 2018. (Coleção Psicologia, Família e Escola).

BRAGA, Wilson Candido. *Deficiência intelectual e síndromes infantis*: caracterização e orientações. Ilustrações de Wyara Candido Nunes. 1. ed. São Paulo: Paulinas, 2020.

BRAGA, Wilson Candido. *Transtorno do déficit de atenção com hiperatividade*: caracterização e orientações práticas. Ilustrações de Wyara Candido Nunes. São Paulo: Paulinas, 2023.

BRASA. *A atualização da Política Nacional de Educação Especial na Perspectiva da Educação Inclusiva*. 19 de novembro de 2018. Disponível em: https://brasa.org.br/a-atualizacao-da-politica-nacional-de-educacao-especial-na-perspectiva-da-educacao-inclusiva/?gclid=CjwKCAjw79iaBhAJEiwAPYwoCFcTXd4usR3cEGE34V39bc-W8QQOFjtsAPjsKA-A4OwsrPau93C49hoCwckQAvD_BwE>. Acesso em: 19 jan. 2024.

BRASIL [Constituição (1988)]. *Constituição da República Federativa do Brasil* [recurso eletrônico]: texto constitucional promulgado em 5 de outubro de 1988, com as alterações adotadas pelas Emendas Constitucionais n. 1/1992 a 128/2022, pelo Decreto Legislativo n. 186/2008 e pelas Emendas Constitucionais de revisão n. 1 a 6/1994. 62. ed. Brasília: Câmara dos Deputados, Edições Câmara, 2023. (Série legislação, n. 1).

BRASIL. *Decreto n. 5.296*, de 2 de dezembro de 2004. Regulamenta as Leis n. 10.048, de 8 de novembro de 2000, que dá prioridade de atendimento às pessoas que especifica, e 10.098, de 19 de dezembro de 2000, que estabelece normas gerais e critérios básicos para a promoção da acessibilidade das pessoas portadoras de deficiência ou com mobilidade reduzida, e dá outras providências. Brasília, 2004.

BRASIL. *Decreto n. 6.571*, de 17 de setembro de 2008. Dispõe sobre o atendimento educacional especializado, regulamenta o parágrafo único do art. 60 da Lei n. 9.394, de 20 de dezembro de 1996, e acrescenta dispositivo ao Decreto n. 6.253, de 13 de novembro de 2007. Disponível em: <https://www.jusbrasil.com.br/topicos/10734201/decreto-n-6571-de-17-de-setembro-de-2008>. Acesso em: 10 jan. 2024.

BRASIL. *Decreto n. 7.611*, de 17 de novembro de 2011. Dispõe sobre a educação especial, o atendimento educacional especializado e dá outras providências. Disponível em: <https://www.fnde.gov.br/legislacoes/decretos/item/3179-decreto-n%C2%BA-7611-de-17-de-novembro-de-2011>. Acesso em: 10 maio 2023.

BRASIL. *Estatuto da Criança e do Adolescente*. Brasília: Senado Federal, Coordenação de Edições Técnicas, 2017. Conteúdo: Lei n. 8.069/1990.

BRASIL. *Estratégias para a educação de alunos com necessidades educacionais especiais*. Coordenação geral: SEESP/MEC; organização: Maria Salete Fábio Aranha. Brasília: Ministério da Educação, Secretaria de Educação Especial, 2003.

BRASIL. *LDB: Lei de Diretrizes e Bases da Educação Nacional*. Brasília: Senado Federal, Coordenação de Edições Técnicas, 2017. Conteúdo: Leis de Diretrizes e Bases da Educação Nacional – Lei n. 9.394/1996 – Lei n. 4.024/1961.

BRASIL. *Lei n. 12.764*, de 27 de dezembro de 2012. Disponível em: <http://www.planalto.gov.br/ccivil_03/_ato2011-2014/2012/lei/l12764.htm>. Acesso em: 20 abr. 2023.

BRASIL. *Lei n. 10.098*, de 19 de dezembro de 2000. Estabelece normas gerais e critérios básicos para a promoção da acessibilidade das pessoas portadoras de deficiência ou com mobilidade reduzida, e dá outras providências. Brasília: MEC, 2000.

BRASIL. *Lei n. 10.436*, de 24 de abril de 2002. Dispõe sobre a Língua Brasileira de Sinais – Libras e dá outras providências. Brasília: MEC, 2002.

BRASIL. *Lei n. 14.768*, de 22 de dezembro de 2023. Define deficiência auditiva e estabelece valor referencial da limitação auditiva. Brasília, 2023.

BRASIL. Ministério da Educação. *Deficiência múltipla*. Brasília, 2000.

BRASIL. Ministério da Educação. Lei n. 13.146, de 6 de julho de 2015. Institui a Lei Brasileira de Inclusão da Pessoa com Deficiência (Estatuto da Pessoa com Deficiência). *Diário Oficial da União*: seção, 1, Brasília, DF, n. 127, p. 2, 6 jul. 2015. Brasília, DF: Presidência da República, 2015.

BRASIL. Ministério da Educação. *Lei n. 14.254*, de 30 de novembro de 2021. Dispõe sobre o acompanhamento integral para educandos com dislexia ou Transtorno do Déficit de Atenção com Hiperatividade (TDAH) ou outro transtorno de aprendizagem. Brasília: MEC, 2021.

BRASIL. Ministério da Educação. MEC/SECADI/DPEE/SEB/DICEI. *Nota Técnica Conjunta* n. 02/2015. Data: 4 de agosto de 2015. Orientações para a organização e oferta do atendimento educacional especializado – AEE na educação infantil. Brasília: MEC, 2015.

BRASIL. Ministério da Educação. *Nota Técnica* – SEESP/GAB n. 19/2010. Data: 8 de setembro de 2010. Profissionais de apoio para alunos com deficiência e transtornos globais do desenvolvimento, matriculados nas escolas comuns da rede pública de ensino. Brasília: MEC, 2010.

BRASIL. Ministério da Educação. *Nota Técnica* – SEESP/GAB n. 9/2010. Data: 9 de abril de 2010. Orientações para a Organização de Centros de Atendimento Educacional Especializado. Brasília: MEC, 2010.

BRASIL. Ministério da Educação. *Nota Técnica* n. 40, 2015. MEC/SECADI/DPEE, de 15 de junho de 2015. O Atendimento Educacional Especializado aos Estudantes com Altas Habilidades/Superdotação. Brasília: MEC, 2015.

BRASIL. Ministério da Educação. Nota Técnica n. 04, 2014. MEC/SECADI/DPEE. Data: 23 de janeiro de 2014. Orientação quanto a documentos comprobatórios do cadastro de alunos com deficiência, transtornos globais do desenvolvimento e altas habilidades/superdotação no Censo Escolar. Brasília: MEC, 2014.

BRASIL. Ministério da Educação. *Nota Técnica* n. 55, 2013. MEC/SECADI/DPEE. Data: 10 de maio de 2013. Orientação à atuação dos Centros de AEE, na perspectiva da educação inclusiva. Brasília: MEC, 2013.

BRASIL. Ministério da Educação. Nota Técnica n. 24, 2013. MEC/SECADI/DPEE. Data: 21 de março de 2013. Orientação aos Sistemas de Ensino para a implementação da Lei n. 12.764/2012. Brasília: MEC, 2013.

BRASIL. Ministério da Educação. Nota Técnica n. 42, 2015. MEC/SECADI/DPEE. Data: 16 de junho de 2015. Orientação aos Sistemas de Ensino quanto à destinação dos materiais e equipamentos disponibilizados por meio do Programa Implantação de Salas de Recursos Multifuncionais. Brasília: MEC, 2015.

BRASIL. Ministério da Educação. *Parecer* CNE/CP, n. 50/2023. Orientações Específicas para o Público da Educação Especial: Atendimento de Estudantes com Transtorno do Espectro Autista (TEA). Brasília: MEC, 2023.

BRASIL. Ministério da Educação. *Política Nacional de Educação Especial na Perspectiva da Educação Inclusiva*. Brasília: MEC: Secretaria de Educação Especial, 2008.

BRASIL. Ministério da Saúde. *Secretaria de Atenção à Saúde*. Departamento de Ações Programáticas Estratégicas. Diretrizes de Atenção à Reabilitação da Pessoa com Transtornos do Espectro do Autismo (TEA). Brasília, 2014.

BRASIL. Ministério da Saúde. *Secretaria de Atenção à Saúde*. Departamento de Atenção Especializada e Temática. Linha de cuidado para a atenção às pessoas com transtornos do espectro do autismo e suas famílias na Rede de Atenção Psicossocial do Sistema Único de Saúde. Brasília, 2015.

BRASIL. *Projeto Escola Viva*: garantindo o acesso e permanência de todos os alunos na escola – Alunos com necessidades educacionais especiais. Brasília: Ministério da Educação, Secretaria de Educação Especial, C327, 2000.

BRUNO, Marilda Moraes Garcia. *Educação infantil*: saberes e práticas da inclusão. Dificuldades de comunicação sinalização: deficiência visual. 4. ed. Brasília: MEC/Secretaria de Educação Especial, 2006.

CAMARGO JR, Walter (org). *Intervenção precoce no autismo*: guia multidisciplinar: de 0 a 4 anos. Belo Horizonte: Artesã, 2017.

GARDNER, Howard. *Inteligências múltiplas*: a teoria na prática. Porto Alegre: Artmed, 1995.

INSTITUTO PAULISTA DE DÉFICIT DE ATENÇÃO (IPDA). *Hiperatividade*: o que é ser hiperativo? Como diagnosticar e tratar hiperatividade? Disponível em: <http://www.dda-deficitdeatencao.com.br/hiperatividade/index.html>. Acesso em: 14 jun. 2023.

NASCIMENTO, Maria Inês Corrêa et al. (coord.). *Referência rápida aos critérios diagnósticos do DSM-5*. Tradução de American Psychiatric Association. Porto Alegre: Artmed, 2014.

PEREIRA, V. L. P. Superdotação e currículo escolar: potenciais superiores e seus desafios da perspectiva da educação inclusiva. In: VIRGOLIM, A. M. R; KONKIEWITZ, E. C. (org.). *Altas Habilidades/Superdotação, inteligência e criatividade*. Campinas: Papirus, 2014.

RENZULLI, Joseph S. Modelo de enriquecimento para toda a escola: um plano abrangente para o desenvolvimento de talentos e superdotação. *Revista Educação Especial*, Santa Maria, v. 27, n. 50, 2014.

RODRIGUES, Patrícia Maltez. *Funções executivas e aprendizagem*: o uso dos jogos no desenvolvimento das funções executivas. Salvador: SANAR, 2017.

ROTTA, Newra Tellechea; OHLWEILER, Lygia; RIESGO, Rudimar dos Santos. *Transtornos da aprendizagem*: abordagem neurológica e multidisciplinar. 2. ed. Porto Alegre: Artmed, 2016.

SANTOS, Jéssica Rodrigues et al. *Planejamento Educacional Individualizado I*: elaboração e avaliação. Documento eletrônico. São Carlos: EDESP-UFSCar, 2022.

SCHWARTZMAN, José Salomão; ARAÚJO, Ceres Alves de (coord.). *Transtornos do Espectro do Autismo – TEA*. São Paulo: Memnon, 2011.

SEABRA, Alessandra Gotuzo et al. (org.). *Inteligência e funções executivas*: avanços e desafios para a avaliação neuropsicológica. São Paulo: Memnon, 2014.

UNESCO. *Declaração de Salamanca sobre Princípios, Política e Práticas na Área das Necessidades Educativas Especiais*. Salamanca: Unesco, 1994.

UNESCO. *Declaração Mundial sobre Educação para Todos*: satisfação das necessidades básicas de aprendizagem. Jontien: Unesco, 1990.

UNESCO. *Declaración de Salamanca y marco de acción para las necesidades educativas especiales*. Salamanca: Unesco/MECE, 1994.

Paulinas

Rua Dona Inácia Uchoa, 62
04110-020 – São Paulo – SP (Brasil)
Tel.: (11) 2125-3500
paulinas.com.br – editora@paulinas.com.br
Telemarketing e SAC: 0800-7010081